羊咩老師
著

上一堂
人生國文課

希望老師有教我的事,
關於際遇、抉擇、傷痛, 以及無論順逆都能優雅起身

謹以此書獻給我的父母，
感謝您們對我每一次抉擇時的絕對信任。

推薦序

誰的國文課？

莊淮芬／資深教師，全國第一屆教學卓越獎金質獎得主，教育部教師專業發展評鑑「教學輔導教師」優良認證，有《成語典》等十餘部著作。

這本書，給誰讀的？

既是「國文課」，當是學生讀的，中學生、大學生可讀。也可以是「大人的」，那麼，曾在國文課堂或昏昏欲睡，或興味淋漓，或百無聊賴，或幽怨婉轉的大人們，可以讀。苦惱於如何「吸睛」臺下學生的國文老師們，更可以讀。

不知何時開始，校園裡湧動一股國文無用論的聲浪，莘莘學子對國文課興趣缺缺；有些狂生訾斥所謂古文大家乃造神之謬，其文不值一觀。執教鞭三十多年的我看來，這些觀點倒也並非師出無名。長久以來，國文課本收錄的範文，極大比例承載了先憂後樂的家國天下情懷，遷謫之苦，不遇之悲，廟堂江湖往復流離的際遇，難以牽動少年少女情思，缺乏同情共感的國文課，自然被學生推拒。

不得不說，羊咩的國文課很厲害！她能將孔、孟、韓、柳、歐、蘇從神壇拉下，使之穿越當代，與你我同一個生活圈。於是，歸有光與花甲少年有著相似的嘆息；柳宗元，由名門學霸淪落為踏遍永州山水的僇人，如同被逐出御膳房的大長今、如同當今就業無著落的碩、博士，都是被世道拋棄的落湯雞；而雨後遊六橋的袁宏道，是穿著內衣賞花的自在大叔。羊咩還可以從冷門社團的成果評鑑、屏東不被看好的燈會，輕易地引領學生體會歐陽醉翁「與民同樂」的襟懷。

古人所云「讀諸葛亮〈出師表〉不墮淚者不忠」早已淪為課堂笑話。然而，我入班觀課，羊咩以〈軍師聯盟・虎嘯龍吟〉兩幕短短影片——劉禪以巨巹向孔明敬酒及出師之際君臣相別場景，詮述諸葛亮的尷尬處境及老臣心情，一句「為你，千千萬萬遍」鮮明了「鞠躬盡瘁，死而後已」的忠忱形象，課堂上一片靜默，好些孩子眼眶紅了，我，亦然。

國文課中，被視為無趣之最的國學常識，被羊咩以玩笑口吻，化枯燥為詼諧，化繁複為簡扼，行銷於課堂閒聊中，置入效果甚佳。「花就是花，美就是美，高下輕薄之分，那是人心。」表明了袁中郎捨梅就桃的心思，也點出公安派追求真、俗、趣的文學主張。失去與當代的連結，缺乏創新，成為一味仿古的假古董，是前、後七子這些文壇偶像團體的弊病，何嘗不是當前盲追模仿的社會歪風？

信手拈來一句當代語，巧妙勾勒古人神韻，這是羊咩的魔力。「越過山丘，把自己搞丟的大叔」——謫居黃州的東坡，他的慨歎，或許是一種中年危機與不安。地球村民，跋涉千里，視之為常態，哪能體會遠謫蠻荒的孤寂！然而，誰沒有中年迷失的惘然？跟隨羊咩翻讀〈念奴嬌．赤壁懷古〉及〈赤壁賦〉，在文字中神會那個在赤壁自我辨證的中年男子，玩味天地的變與不變，迷惘的人，或可覓回亡失的初心。

對於汲營生計、鎮日奔忙以求溫飽的現代人，羊咩筆端自然流露的情致，往往能觸動日漸荒蕪的心田，為久處庸碌而貧瘠麻木的方寸之地，注入生機。淚光中，讀一讀，笑一笑，重新獲得勇氣，迎向翌日的朝陽或陰霾，即便漸步暮年的我，也能激起幾許青春昂揚。有情人生，方是活力人生。

酷愛影視動漫族群，在此書中，亦能喜得盟友。羊咩品劇往往有獨到之見，一齣〈後宮甄嬛傳〉，眾人看的是甄嬛鬥華妃、皇后，她憫恤齊妃著粉衣遭夫君奚落的棄婦處境。盧貝松的電影〈露西〉，影迷討論藥物科技進化的超智人，她想到的是「道，無所不在」的道家哲理；漫威電影〈奇異博士〉史傳奇，她評為「困於天才之名的天才」，犯了「知見障」，連結到莊子「聖人無名」的思想內涵。劇粉、漫威迷們來讀此書，回味追劇時的狂烈，也勾引起關於生命與哲學的思考。

這本書，給誰讀的？

學生，得以尚友古人，博覽佳文，品味文學情蘊，探究人生真相。國文老師，可援以為備課夥伴，磨琢教學金針，增添講壇丰采。文青、書粉、劇迷、動漫狂，重溫曾經的追劇追書滋味。即便，甚麼粉都不是，只是浮沉於蒼茫人海的你我，也難免有婚姻、愛情、理想、現實、這樣、那樣的煩惱，那麼，不妨把它當作一本生活小品，思憶咱們跋涉過的顛簸與平坦。

讀國文，亦讀人生，此書人人皆宜。

推薦序

借問酒家何處有？牧童遙指杏花村

張玲瑜／「墨力全開」粉專版主，思辨推手

長大之後，跟爸爸媽媽一起看布袋戲，完全是另一番滋味。

每次回彰化老家，全家人總是一起看有線電視裡布袋戲，迄今也看過不少部了，《大唐英雄傳》、《封神榜》、《西遊記》、《三國演義》……部部精彩。搬演的戲班是沈明正布袋戲，基本上，它們還是按照老路子在搬演。記得我看到最多集的應該是《朱洪武傳奇》，朱元璋在戲裡叫「朱七」，我從他在馬家當長工我就開始「追」看，主人的女兒，戲裡叫「秀英」，也就是未來的馬皇后，知道朱元璋需要照顧，常常偷偷送給他食物和衣服。

馬皇后那隻戲偶穿著桃紅色的華麗衣裳，操偶師傅用男聲做的假音雖然沙啞，為突顯她溫柔賢德的形象，用詞偶見文雅，用台語唸成語，音調高低抑揚，好聽極了。

兩人成親之後，朱元璋投到郭子興手下，被郭子興所猜疑，糧荒時，郭子興不分配糧食給朱，馬秀英把燒餅藏於懷中送給朱元璋吃，由於燒餅很燙，馬氏的乳房竟被燙傷，而且，為了讓朱元璋吃多一點，馬氏自己時常沒吃飽。

朱元璋的偶長相斯文高雅，隨著劇情發展，時日一久，觀眾的心情高低，完全被帥氣的身影揪著，跟著擔憂他的安危，跟著期盼他成功，等待他事業興隆。每次一回社頭，小朋友總不忘關切，「阿公，朱元璋現在怎麼樣了。」彷彿是家族的一個成員似的。

一家族人坐在電視機前面，看著馬皇后阻止朱元璋的種種暴行，每每讓父親默默點頭稱許。

現在我明白，朱元璋開國這一段故事，是一趟艱辛備嘗的英雄旅程，在這一條路上，有無數的關卡要過，他們訪求賢才，或是際遇神人，都是為了連結更多強大的夥伴，一同面對下一個挑戰，在《大唐英雄傳》、《西遊記》、《三國演義》……裡面，我們看到智慧和勇氣。

但是我的兩個孩子們看戲，跟我自己小時候，並無二致，順著劇情流動，大體上就是等待胡大海這等人上場，等待他台味十足，靈活逗趣的口白，看他挨打的時候會唉唉求饒，要打仗的時候又勇武慓悍。身為阿公的父親，也愛模仿他忠厚可愛的形象，跟小孫子玩耍。我們沒有打算細想戲中的含意，在布袋戲的版本裡，給胡大海這種丑角加了很多戲，他的每句話，都是令人回味的經典台詞。

我們不真懂一趟英雄旅程的艱辛，我們迷戀主角，也愛看趣味的片段，《大唐英雄傳》裡的程咬金、《西遊記》裡的豬八戒、《三國演義》裡的張飛……鬥鬥嘴、耍耍憨、出個糗、頭腦簡單的對話橋段，是英雄旅程裡最讓人快樂的時光……

在粉絲專業經營上，我和羊咩老師努力的領域有些相近，我們都關心經典，又喜歡反覆地看自己喜歡的東西，淬練出一點心得，找人分享。

每一次看羊咩老師的文章，我最期待的就是讀她重述一次關鍵的電影或劇集情節。經過她的重述，原本供我消遣的劇情，都通透地展現了新的光芒，尤其最動人的是，她精準的對讀安排下，當她重述經典選文，那些莊嚴的課文，也每每幻化出鮮活的畫面——

「當莊子筆下的河伯終於認清自己的渺小，這時海神說了：『乃知爾丑，而將可，與語大理矣。』你知道自己的粗鄙了，那麼，學習終於可以開始了。」

「這樣的生活空間過上一輩子也沒問題，抬頭有藍天，露水喝到飽，三餐有蟲吃，小青蛙在井底過得很開心，所以井外的世界對小青蛙來說，絲毫不具吸引力，井外世界是無用、多餘、浪費的，是該一筆勾銷的大型廢棄物。」

她是一個再稱職不過的「跨時空的說書人」，她的文章，像一壺神奇的酒，先讓人陶醉在影集裡，再讓人醒在課文間；她的文章，像一杯彩虹藥水，讓人忘了課文，卻找到自己。

追劇的心情，是簡單的；追「羊咩追劇國文課」的心情，是飛躍的，「洋洋乎與古人遊，而不知其所止，不知其所窮」。

書中第一篇「長大後才有的智慧」、第三篇「經營你的人生」、第四篇「莊子箴言書」等篇章分別運用了台劇《花甲大人轉少年》、韓劇《大長今》、日紀錄片《壽司之神》、英劇《王冠》、韓片《寄生上流》……等叫好和叫座的作品，寫成開闔有致的好剖析。而轉寄數超高的第二篇「想跟孩子們說的話」系列，把孩子們怎麼罵都沒用的壞習慣，用追劇國文課的方式針砭孩子們的痛點，酸、麻、痛、癢，大人和小孩，統統都被治療了。

感謝遠流，拿到她的書稿，我發現我終於可以用紙本典藏這一壺酒，反覆玩味，小酌怡情，或是找一票人乾杯過癮。

這是羊咩老師的第一本書，我舉杯邀請大家一起收藏它！

對非國文老師的讀者而言，它將帶給你的是一場貨真價實的英雄旅程，讓你打開《紅樓夢》、翻讀蘇東坡、拍拍歸有光、抱抱柳宗元、給莊子深情一吻。

對身處第一線的國文老師而言，相反地，它完全讓我忘了自己正在「國文課」的英雄旅程中，正在對抗大環境的重重考驗，在新的時數和新的世代兩面夾擊之下掙扎，時感困窘。它讓我微微一哂，轉念明白：我和每一個想好好教國文的老師，不過是這趟旅程中，會讓人家感到莞爾的一個個再憨厚不過的胡大海罷了，我們常常出出糗、要要憨、吃過不只一次的敗仗，但是還想要忠心維護自己的信仰。根本沒有什麼偉大的口號，也不需要什麼冠冕堂皇的標語，所謂的教學，就是跨越時空的一場大戲，走到劇情的高潮，讓人愛到拍手、拭淚，不忍離去，足矣。

推薦序

她用影劇摺疊，竟摺出國文元宇宙！

歐陽立中／暢銷作家、爆文教練

讀著羊咩老師的書稿，想起一個我很喜歡的故事。美國印第安那大學，曾經開放學生自行開設課程。前提是課程提案，必須經過院長的同意。那時，有個學生叫烏斯蘭，他想開設一門超級英雄漫畫的課程，但這並不容易過關。烏斯蘭憑著滿腔熱血，興沖沖地跑去說服院長，他問院長：「院長，請問你有聽過摩西的故事嗎？」院長點點頭，他請院長稍微簡述故事：「埃及法老王為了避免以色列人壯大，下令要殺掉以色列所有男嬰。利未家族一對夫婦，生下一個兒子，為了躲避追殺，他們決定把孩子放到箱子裡，藏在尼羅河的蘆葦叢中……」

當院長說到一半，他打斷院長，便開始說起超人的故事：「氪星要爆炸了，氪星上一位科學家把襁褓中的嬰兒放進太空船，送到地球，這孩子被肯特夫婦收養……」院長聽到這目瞪口呆，因為超人與摩西的故事如出一轍。最後，院長大力支持烏斯蘭開「超級英雄漫畫課」。

你從這個故事發現了什麼？很多人對學習的認知，仍停留在背誦、考試、升學，會考的奉若瑰寶、不會考的棄如敝屣。羊咩老師很精準的寫道：「我們在學習都是厲害的投資客，教育變成一場操盤大賽。」以至於國文教育淪為一種既重要又不重要的科目。重要是因為採計的科系多、序位高；不重要是當你真的想念中文系，大家會覺得你瘋了。

羊咩老師《上一堂人生國文課》，是她對真正國文教育的探索與構建。她要你先別問讀古文有沒有用，你先試著像品茶感受餘韻，慢慢嚐出人生的滋味。只有你肯先拋下貪快速成的心，你才能真正進入國文的桃花源。而羊咩老師用她最愛的電影、戲劇，佐以她深刻的人生歷練。讓你回頭一望，過往那些原本生硬乾枯的古文，頓時芳草鮮美，落英繽紛。

讀著《上一堂人生國文課》，我深深讚嘆羊咩老師「摺疊」的功力，讓那些看起來離我們好遠好遠的經典，瞬間近在眼前。歸有光〈項脊軒志〉你好陌生，但戲劇《花甲少年》你熱淚盈眶，在淚光中你看見歸有光與鄭花甲折疊重合的身影，於是你懂那一份對親人的思念，以及家道中落的悵然。孟子高談仁義而不談利益，你覺得八股又不切實際。但羊咩魔杖一揮，把《怪獸與牠們的產地》的葛林戴華德給摺疊了過來，於是你看到當利益成為國家大旗，煽動人心，合理殺伐的可怕。那瞬間，你終於懂了孟子為何堅持。

我能想見，孩子們在羊咩老師的國文課幸福洋溢的模樣。在他們眼裡，國文課本不是死板的標楷體，是Netflix、是時光機、是魔法書、是元宇宙！他們知道，只要有羊咩老師在，經典就沒有時空隔閡的問題，因為羊咩老師巧妙折疊，讓我們同古人遨遊，預習失敗，也預想成功。

目錄

第2篇 好想跟孩子說的話

第3篇 經營你的人生

目錄

自序

因為你的課，我開始喜歡你說的那個世界

我從小就缺乏運動神經，體育課對我來說從非樂事，連帶的我對各種運動競賽也是興趣缺缺。

這樣與體育無緣的我，唯獨能搞清楚比賽規則，甚至還會下場玩一會兒的，只有籃球。

原因也很簡單，因為《灌籃高手》。

《灌籃高手》是唯一讓我瘋狂的運動漫畫，直到教書的第十年再次重看《灌籃高手》，讀到作者後記，我突然很想掉淚。

井上雄彥說，剛開始連載時，籃球漫畫家寥寥無幾，籃球在日本也稱不上主流運動。編輯不只一次提醒他，要做好失敗的心理準備。

但他還是畫了，只要看到讀者回饋「看了這部漫畫而喜歡上籃球。」井上說，就會增加他繼續創作的勇氣和決心。

對於井上大神這句話，

我覺得，我能懂。

長久以來，文學就是我賴以呼吸的方式。孤僻陰鬱的學生時代，我不知道該如何面對家庭連遭變故的無能為力，不知道如何調解青春期的茫然迷惘，文學是我唯一宣洩的空間。

幸運的是，我在高中遇到了明師，精彩的國文課讓我在課堂上數度泛淚。那些鬱悶難解、難以言說的情緒，似乎都在國文課找到知己。

我飢渴的閱讀，無論是文學、動漫、電影，只有鑽在那個世界裡，才能逃避現實中各種挫敗。也只有在談論到我所深愛的文學（和動漫），那個神情板滯、陰鬱不愛笑的我，會突然兩眼發光，神采飛揚（還喋喋不休）。

「如果是你上國文課，我會想聽。」

某次我滔滔不休的和同學發表對課文的解讀，照理說這樣自以為是地發表應該很討人厭吧？沒想到同學沒有不耐，他認真聽完，給了我一句回饋。

欸？

那時的我很挫敗，我想當一名作家，但已發現我缺乏創作才華。我的文章在考試能得到不錯的分數，也就僅此而已。

可如果是成為一位國文老師呢？
我是不是就可以順理成章的在講台上分享我熱愛的世界了？
可以理所當然的「傳教」？「推銷」我最愛的文學（還有動漫和電影）？
在創作路上撞牆的我，意外地找到另一條離文學不遠的路。
我想當一名文學的傳教士。
我，想成為國文老師。

可當我如願進入中文系後，甚至欲罷不能地繼續攻讀研究所，鬱悶反而更加深了。
我記得那是一堂碩博共同選修的儒家思想課程，每週我們都在小小的研究室裡討論，聽了很多什麼「法先王」「法後王」或是其他更專業的術語。

可是，我們把儒家經典顛過來倒過去考據的非常深入，卻沒有人提到，這些東西出了這間教室，它還能怎麼使用？

難道這些東西只能放在中文系的教室裡，供成一塊塊神聖不可侵的神主牌？然後出了這間教室，外面的人總把我們熱切研究的事物當成過時的笑話？

懷著疑惑，畢業後我回到台北實習。直到站上講台，我發現教學最大的困境，在於經驗的落差。

國文課，是一堂「預習人生」的課程。這些作家可能在生命低潮孤獨時寫下一篇篇雋永的生命反思，但接收者卻是一群十五六歲，人生才開剛始闖蕩的年輕孩子。台下懵懵懂懂的學生聽不懂你在說些什麼，貶謫、困厄、蕭條、滄海桑田，那些他們都還不見得經歷過。就算稍有經歷，卻因語言和時代隔閡，無法與課文連結。

因為我們用的「話術」不對。

我一再調整、提醒自己，這些學生沒有要念中文系，所以這些東西他一輩子都不會，不見得會對他們生命造成什麼不可抹滅的影響。

學生沒必要知道太多國文老師以為很重要的國學常識，但他們可以知道的是，當他在未來生命受挫、沮喪，或是陷在谷底的時候，文學可能是其中一種拯救的方法。

至少在文學中，你可以知道，時空也許會變換，但人的情感與選擇是跨越時空的。我們在每次人生岔路的迷惘無助，過去的人也曾經有過。

所以我試著在我課堂上結合電影、戲劇、漫畫、音樂等各類型的創作，配合課文講解那些文言文所造成的情感隔閡。我們常常在感慨現在學生都不閱讀，但我不認為閱讀只限於文字這種表現形式。如果電影、戲劇、漫畫或是音樂都一樣能展現出讀文學的人所追求、思辨的永恆價值，那為什麼看電影、追劇不能算閱讀的一種？

我試著將這些東西放進課堂，和課文結合。讀莊子時我們看奇異博士，讀琦君

〈髻〉時我們看〈甄嬛傳〉；讀〈蘭亭集序〉時我們看電影〈天外奇蹟〉，讀魯迅〈孔乙己〉時我們看〈寄生上流〉。

這樣的上課嘗試讓我每次備課都要花很多力量，可是我從未如此開心過。我似乎將我的國文課變得更加「實用」，當我重新回到社會並與各種領域接觸，「接地氣」的過程讓我發現，文學終究不能脫離現實生活。他講的人生百態，關起門來不與外界接觸的研究方式，反而會使文學死去。

漸漸的，我欣喜地發現，當我下課後，開始會有學生來借閱剛才我在課堂上提到的書籍。

這套教學方式越加熟練後，學生的回饋越來越給我信心。碰到溫柔敏感的班級，一堂〈髻〉上到師生一起落淚，是課堂上真實發生的風景。

我不敢說我的國文課能有什麼驚天動地的影響，但我知道有些開始改變。

國高中時期是孩子們開始探索世界的初始，很多事物的第一印象決定了他日後是否親疏的距離。當他在讀書時期感到興味，甚至願意動手翻閱，我願意相信，這都是一次美好的初遇。

國高中時對《論語》、《莊子》等諸子思想不反感，我願意相信，有一天當他碰到抉擇困境、窮途絕境時，他也許會想起，某些前人的答案，早就藏在書本裡。

年輕時對文學不反感，我願意相信，文字間那種心碰著心的交流方式，能讓孩子保留一種溫柔與敏銳。在未來與人相交時，他能夠溫厚存心，能夠換位思考。

早些從文學中學會思辨，我願意相信，他日後不至於只有「喜歡」、「不喜歡」、「看不懂」這麼簡短的感悟。他能夠藉由閱讀別人的生命，照鑒自己的路。

如果體育白癡如我可以因為《灌籃高手》愛上籃球，那麼用對方法，也許能讓本與文學絕緣的學生們，稍稍拉近與國文課的距離。

因為你的課，我開始喜歡你說的那個世界。

當學生如此回饋，我感到無限欣喜；這是我的初衷，也是我的動力。這是一場小小的革命，我想改革的是學生眼中呆板無趣國文課本。學生說，我的國文課是一場「溫柔革命」，我想，確實有些看不見的小小氣流，在沉悶的教室開始流動。

一點一滴地嘗試，在網路上累積出一篇一篇的分享，沒想到，涓滴累積成這一本書。

感謝總是全力支持我的家人、師長，同事，以及我可愛的學生們。感謝大家能讓我自由自在的喜歡文學，任性又狂熱的推銷我眼中的那個世界。

也希望閱讀此書的你，可以喜歡上我所看見的那個世界。

第1篇

長大後才有的智慧

那寂寂的少年時光

歸有光〈項脊軒志〉vs. 台劇〈花甲少年轉大人〉

少年大學念七年畢不了業，手搖杯打工動作太慢整天被顧客罵。躺在床上看漫畫是他最喜歡的事，彷彿窩在那個熟悉的被窩中，他可以暫時忘了很多迷惑——譬如說，是要繼續留在台北一事無成，還是要回老家當乩童？

一手照顧少年長大的阿嬤突然倒下。回到老家，他覺得大人們好煩又好鬧。阿嬤有四個兒子，四個都不爭氣，阿嬤還躺在廳裡一息尚存，就急著去找阿嬤存摺分家產。四個年過半百的大人在阿嬤身旁大打出手，少年又氣又無奈，就像每一個看不慣長輩行為的你我，只能別過頭裝作沒看到。

他長大的房間是老厝的加蓋頂樓，房間很小，卻處處皆是回憶。牆上貼著幾張手作卡片，是他跟阿嬤的點滴。老厝隨便一個轉角，這個溫和的大男孩總能絮絮叨叨的說出一番過去的故事。

他還記得，家族曾有過的榮光：從這到那邊（手指遙遙比劃著），都曾是咱家的田水；他還記得，家人曾以阿嬤為中心，歡快的團聚控窯，那時阿母還未離家，他笑嘻嘻的依在阿母懷裡，彷彿不用長大。

叔伯們商議著要將老厝賣了，或是拆了重建，向來溫吞的少年氣到砸東西洩憤。怎麼能賣？沒錯，外面的世界很大，老厝很小；但他斷不了老厝的根，那些又愛又恨的親人都在這，斷了老厝，大家將會飄零無依。

這是二〇一七年台灣引發熱議的電視劇——〈花甲少年轉大人〉，改編自楊富閔的小說《花甲男孩》。開播以來不但收視率節節上升，更引起許多年輕觀眾的共鳴。

我懂花甲的難過……我也是阿嬤帶大的。
喪禮時，真的會看到各種親友醜態……

對阿嬤的懷念感恩，對亡母的思念悲痛，對家族四分五裂的失望……在五百年前的明朝，也有一名十六歲的少年，與花甲有著相似的嘆息。

母親過世時他只有八歲，還以為母親只是在睡覺。家裡人哀哀慟哭，他不明就裡，也跟著哭。

家裡請了畫工來畫遺像，找了他和姐姐當範本。「眼睛以上照著弟弟畫，眼睛以下照著姐姐畫。」

正德八年五月二十三日，孺人卒。諸兒見家人泣，則隨之泣，然猶以為母寢也。

傷哉！於是家人延畫工畫，出二子，命之曰：「鼻以上畫有光，鼻以下畫大姊。」以二子肖母也。

——歸有光〈先妣事略〉

也許，當對母親印象越來越模糊時，那個少年是否會對鏡自覽，從眉目中推測母親的長相？

他喜歡聽著家中老婢叨念著：「對，伊阿母當年……」淘揀殘存的回憶。老婢指著家中某個角落，訴說著是當年和女主人再平常不過的記憶。每一次講到最後，年幼的他和老婢都是以哭泣作結。

他也是由阿嬷一手帶大，一直記著當年他在書房唸書時，阿嬷拿了個阿祖用過的笏板，鼓勵他好好念書，出人頭地。阿嬷念叨著，家裡已經很久沒人肯念書。也許只有他能夠期待。

他還記著家裡曾有過的榮光和期許，卻也阻止不了家族分裂。一間好好的老厝被隔的廳不成廳、灶不是灶，他看盡家中長輩總總醜態，無能為力下只能自許：期許自己有一天不要變成這樣討厭的大人、期許有天自己能讓這個家族重新找回榮光。

他躲在自己那個小小房間，家族衰落，分配給他的書房只是一間老舊破敗的閣子。少年親手裝修、布置，將破舊的房間改造成自己的秘密基地——也許，夢想的一切就從這間書房為起點，端坐在打理好的書房讀書，他覺得讀的字字句句，都將鋪成一條通往夢想的道路。

少年寫下對自己的期許：對未來、對自己，他覺得光明可期。

項脊生曰：「蜀清守丹穴，利甲天下，其後秦皇帝築女懷清臺；劉玄德與曹操爭天下，諸葛孔明起隴中。方二人之昧昧於一隅也，世何足以知之，余區區處敗屋中，方揚眉瞬目，謂有奇景。人知之者，其謂與坎井之蛙何異？」

——歸有光〈項脊軒志〉

然而，他料想不到的是未來的一路顛仆：

二十三歲那年他娶親了，這間小小的書房擁有了他和妻共讀的情深記憶；

二十八歲那年，妻子逝世，恩愛夫妻到不了白頭。

此後，三十歲失去女兒，三十四歲再亡次女，四十三歲長子夭亡，四十六歲繼室病卒……

命運好像還嫌不足，在親情上髮未白便已讓他嚐遍生離死別；在功名上，他文名遠播卻屢次考場失利，五次鄉試失敗、八次會試落第。大半輩子都在參加科舉考試，人生，就這麼在一次又一次的三年準備與失望中，蹉跎掉了……

他已經成了大人，卻不見得是他想要的樣子。在外漂泊打拚多年，依舊一事無成。三十七歲那年因病回到老厝休養，無意間翻到十七歲時寫的日記本，看到當年自己寫的文章，他沈默了。

那些愛的人出現了又離開；那些厭惡的事從不離去。

他只能努力的讓自己不要染上醜陋的習氣，可他在世人眼中，始終是個輸家。

最後的最後，他只提筆，默默寫了最後一段。庭有枇杷樹，吾妻死之年所手植也，今已亭亭如蓋矣。

很淡很淡的一句，但人生太多事，有時也只換得一滴淚的訴說。

這個男人的名字，叫做——歸有光。

他不會知道的是，當年他那篇隨筆抒情的短文〈項脊軒志〉，那篇記錄著他年少的銳氣昂揚，中年的失落惆悵的文章，在五百年後，屢屢出現在高中課本上。

一五一七年的歸有光，二〇一七的鄭花甲，兩個橫亙五百年的少年，卻有著如此相似的成長背景。少年有光不會理解花甲時代的手機、高鐵、民主、自由；少年花甲對有光的印象可能只是：「噢，就是篇很無聊的課文，老師一直唸注釋，我睡著了。」

可是他們其實如此相似，甚至我們的生命中，也都有過類似的情感：對家人的思念、對不成器長輩的憤怒、年少時對自我的期許，長大後看著過去的日記，唇邊那一抹苦澀的微笑。

這些情感，橫跨千年依舊可以引發共鳴。花甲少年轉大人，不正是一篇喜劇收尾的〈項脊軒志〉？

我們今天學習過去的思想與文章，要排除二千多年帝王專制的複雜背景，就原典來思考其中普遍的觀念，看它能否超越時間空間的限制，對人類發出永恆的呼喚，呼喚我們的心回到最原始最純粹的情況，領悟「人性向善，擇善固執，止於至善」，讓我們這一生可以有一個方向、有一種指引，在沮喪低沉跌倒時，找到爬起來的力量。

上面出於台大傅佩榮教授的話，我略作修改。所謂的經典便是：即便橫跨千百年的時代鴻溝，扣除掉相異的文化制度，依舊有某一種情感能橫跨時空，擊中我們的內心。在那一瞬間，無論是秦漢春秋、還是唐宋明清，他們懂你，你懂他們——相似的困境、相似的同情共感，那一刻，我們不寂寞。

而在這電光石火間，找到傳達給今人的引導關鍵，便是我一直追求的國文課價值。願你我像母鳥般，將食物咀爛、去除了時代落差的不宜，細心品味出適合這時代的精華。

然後，我們才能從看似乏味的國文課本中，發現：

這人生，不是我要的

柳宗元〈始得西山宴遊記〉vs. 韓劇〈大長今〉

我為什麼會在這裡

經典韓劇〈大長今〉中有這麼一段劇情：

長今因為救人耽誤了回宮時間，因此被逐出御膳廚房，貶至多栽軒——一個在宮廷編制外，美名為培植外來種籽，實則為根本無升遷希望的冷凍單位。

剛到多栽軒的長今，發現此單位就是無所事事的殺時間，每個人都跟她說：「不要再想要做什麼了！也不要有希望。在這裡，就去睡吧！睡不著，就去喝點酒。」

長今很沮喪，她一人坐在山坡上，望著這渾渾噩噩、尸居餘氣的所在，頹喪掉淚。

「我為什麼會在這裡？」

「我為什麼會淪落在這？」

考上不如預期的學校、進入不如預期的社團、大學，跟了不如預期的教授，甚至困守在不如預期的職場……生命中，我們或多或少會有這樣的感覺：「這不是我要的。」

明明付出了努力，卻輕易被擠出那個嚮往的圈子。看著不合己意的環境，有人妒忌、有人怨懟，也有人喟然長嘆：「我為什麼在這裡？」

貶謫文學，就是這樣的困惑與質疑吧？

鳳凰跌落枝頭成了落湯雞

柳宗元前期的人生，用現在話語定義，真的是名副其實的人生勝利組。

他的出身良好，河東柳氏，在唐代是一個非常顯赫的家族，它和河東裴氏、河東薛氏並稱「三大著姓」。他的曾祖父、祖父、父親都在朝為官，父親柳鎮曾經擔任御史，以清剛品行著稱；母親可是出身唐代五大姓的范陽盧氏，名媛無誤。

出生起跑線就比同時期苦苦熬資格、和人攀親沾光的考生們領先好幾圈，偏偏這位仁兄還是名符其實的學霸——公元七九三年，年僅廿一歲的小柳參加科舉一次中第（要知道，韓愈都考了四次），同榜考上的學霸們還有：劉禹錫、白居易、元稹。

當真是春風得意馬蹄輕，一日看遍長安花。想當年，這群平均年齡頂多二十五的青年才俊們，鮮衣怒馬，攜手共赴高塔，俯望偌大長安城，彷彿整個世界都可掬手而得。

那真是最好的時光。

我不知道，中年後的柳宗元，午夜夢迴，是否曾回到那年的風光得意。

青年才俊們準備大展抱負，他們加入了王叔文的改革派：削弱藩鎮勢力，加強中央集權；取消宮市制度，罷黜五坊宦官；取消地方官吏和鹽鐵使額外進貢，整頓收稅；打擊貪官污吏，裁減宦官人員。

史稱，「永貞新政」。

這些改革直接衝擊到兩大派的既得利益：藩鎮和宦官。安史之亂後，君主幾乎被藩鎮和宦官架空，如果新政變法成功，也許是唐朝中興契機。無奈柳宗元等人風風火火的搞沒幾天，就碰到一件衰事：

老闆過世了，唐順宗駕崩。

繼位的唐憲宗是由宦官和守舊派扶持即位，改革派的全捲入鬥爭。一朝天子一朝臣，以王叔文為首，幾個月前還叱吒政壇的改革派全數遭殃。王叔文被貶為渝州司戶，隔年賜死。柳宗元原被貶為邵州刺史，赴任途中又貶為永州司馬。

「永貞革新」就這麼黯淡收場，只維持了一百八十多天，改革派的青年人才全數凍結。

擺錯位置的天之驕子

永州，今天的湖南，「司馬」這個官職後面還有幾個字——「員外置同正員」。也就是說，這個職務根本不在編制內，沒有實權、沒有員工保障，說穿了，只是給這些沒賜死的官員留點面子。

大好人生，從此就在這鬼地方，一年一年的，慢慢耗。

柳宗元滿腹困惑，他擁有一帆風順的學習歷程，是眾所期待的天之驕子。難道因為他改革了政治弊端，就此來到從未出現在他人生計劃內的荒郊僻野？

一人貶謫，全家牽連，千里跋涉到了永州，不到半年，柳宗元的母親就過世了。

「我為什麼會在這鬼地方？為什麼是我？我真的做錯了嗎？」

他頓失方向、滿心怨懟，永州在他眼裡很不順眼，因為他從未想過自己有一天會淪落至此。

一夕之間，原本擁有的資源都沒了。在這鬼地方，你過往花費的無數心血，全部無法學以致用。

什麼碩博士高學歷、精通五國言語，豪門貴冑？不好意思，在這，皆無用。

過去為了「有用」苦讀勤學，但如今，你連保障家人溫飽都做不到。

世道，不讓你有用。

你該怎麼辦？

貶謫是種不合時宜的安置，是種尺寸不合的填塞。二〇一六年我辦理離婚手續，簽字後的那陣子，每天照常吃睡、照樣到校上課，但心裡總有一塊冷冷地注視著自己：「你在幹嘛？你為什麼會把自己搞成這樣？」

那段時間，每晚躺在床上，眼淚就是一路流到枕頭裡，直到睏倦睡著為止。我自動加班，每天在學校備課到十點多，因為不想回家面對破碎的現實。直到我讀到柳宗元那句：

自余為僇人，居是州，恆惴慄。

僇人，課文解釋翻譯為罪人——那時的我也覺得自己是「僇人」，我為什麼會弄砸我的婚姻？我是不是很失敗？那是種無止盡的後悔，悔恨自己是不是少說某句話，多做些什麼，就不至於淪落至此。

惴慄不安，那是一種對自我價值完全失去信心的破碎，人如果有底氣，說話自然大聲。但失去底氣，他人不經意的閒語都像雷擊。

柳宗元更慘，憲宗剛殺了他的上司王叔文，不知何時會再找他翻舊帳。死亡鋼刀懸在頭上，他每日行屍走肉，惴慄不安如待宰的雞。

直到這一天，元和四年九月二十八日，柳宗元登上西山，後來寫下〈始得西山宴遊記〉。

然後知西山之特出，不與培塿為類。

登上西山，他突然發現，西山是那麼的特異突出，和一旁的小山丘不在同一個檔次。

你給自己生命的定位是什麼？若以馬斯洛需求原理來看，有些人定位在底層的「生理需求」，吃飽喝足便是人生大幸、名牌轎車便是得意；有些人追求中層的「安全歸屬」，尋求家庭、社會人際中的認同與接納。

但也有人，想要的是最高層的「自我實現」。

讀了一輩子書，身為一個知識分子，難道僅求飛黃騰達四字？

在西山，柳宗元突然想起，想起他一生真正想追求的是什麼？他定位的高度在哪？

人生目標的抉擇沒有絕對對錯，但若將馬斯洛需求金字塔看作成山，求底層滿足生理需求的人，和追求自我實現的人，高度還是有些不同的。

那個高度，或者我們可以稱做「格局」。

人站在山谷，成了「俗」；站在山峰，成了「仙」。

也許就是站在西山山頂的那刻，高處的遼闊視野突然讓柳宗元想起了，他到底想要的是什麼？

爭的不是一時、不只一世，爭的是生而為人、做為知識分子的那一口氣。

那一口氣，爭的是畢生信念，但當這信念開天闢地，也許他可跨越時空限制，亙古留存。

成天地正氣，雜然賦流行。

於是，找回了初衷、找回了自己，

「我為什麼在這裡？」的質疑，變成了「我雖在這，但我依然是我！」的釋懷。

當時正值低潮的我，讀到這段時，突然淚流滿面。

我終於可以稍微暫停無止盡的自我否定，或是對前夫的憤恨咒罵；讀了十幾年的書，難道書中智慧沒辦法讓我在低潮中擺脫情緒性的謾罵？夜夜失眠流淚的憔悴，憤恨怨懟的嘴臉，這就是我期許的自己？

也許雙方都沒有錯，只是我們想追求的達不成共識；失婚的我看似困頓，但也許，我依然可以是我。

我還是我，顛沛必於是

那麼，我在這能做些什麼？

找回了自己的定位，便須重新找到能建立自我認同的事物。

於是長今開始整理荒廢雜亂的種子，按圖索驥開始栽植；於是柳宗元在荒僻的柳州興利除弊；於是歐陽脩在滁州與民同樂……

即使環境不如預期，但「我」的價值並不因此而折損。真正的開創者並不是掌握各種資源的富者，而是在荒野中仍能斫榛焚茅，從無到有的建立者。

那麼，始得西山後，柳宗元的痛苦就此解決了嗎？

其實沒有。事實上，再讀柳宗元〈永州八記〉、〈囚山賦〉等作品，陰鬱清冷始終未曾根絕。柳宗元依舊痛苦，更何況他的人生還有更下坡等著他。

困守永州十年，再次奉召回京時，柳宗元已經四十二歲了。

這次回京柳宗元是充滿期待的，不料他的摯友劉禹錫又寫詩惹禍，政敵群起攻擊。皇帝本來也對他倆沒好感。貶謫詔書又下：這次，貶到更偏遠的柳州，今天的廣西。

柳宗元寫道：十年憔悴到秦京，誰料翻為嶺外行。其沮喪無奈可見。

惹禍的劉禹錫貶到播州（今貴州），受牽連的柳宗元對摯友沒有怪罪，他甚至想到劉禹錫家中還有一個年邁老媽媽。

他主動上書，懇請皇帝讓他和劉禹錫交換，由他代替兄弟前去更荒涼遙遠的播州。

讀到這，我真心感動。當你自己都在十八層地獄時，還願意將最後一碗水留給朋友嗎？

皇帝最後沒允許他的以柳易播，但姑且將劉改至連州（今廣西壯族自治區）。這對好兄弟又分道揚鑣了，此去，恐怕不復相見。

柳州在大唐版圖完全是窮破蠻荒之地，但柳州刺史至少是個有實權的官職。在此，柳宗元做了很多事：挖井開荒，發展生產；他破除巫師迷信，解放當地嚴重的奴婢買賣問題。

最重要的，他興辦學堂——柳宗元來之後，第一次，柳州人有了文化的火種，有了考上進士的希望。

長久抑鬱和水土不服讓他身體狀況愈發羸弱，他染過霍亂、患過毒瘡，但還是拖著病體為柳州打下各種基礎建設，彷彿要一口氣掙回那被耽誤的十年，急著實現他被耽誤的夢想。

他為了柳州鞠躬盡瘁，最終卒於任上，年僅四十七。過世的時候，長子才四歲，妻還懷有遺腹子。

柳州人民悲慟不已，為他修了衣冠塚；三年後，又為他修了廟。

朝廷不懂，君王不懂，但人民懂他。

佛經裡有一個故事：

一人在荒野中被大象追趕，他跳入一座空井躲避，抓著井邊樹根求生。但此時來了兩隻老鼠啃咬樹根，他低頭一看，發現井底還有毒蛇毒龍虎視眈眈。前後夾擊，命懸一線，他苦不堪言；而就在此時，樹上蜂窩滴下幾滴蜜，他貪婪地舔舐著，那一刻品嘗到生之歡愉。

佛經的寓意，是將蜂蜜比做財色名食睡，悲嘆人們不知生命無常，麻痺於幾滴蜂蜜便沾沾自喜。

但我心愚鈍，另有一解：幾滴蜂蜜，也許就是柳宗元的西山、或是你我心中的西山。

因為心中仍有一處留給自己期許的淨土，所以哪怕環境再不堪，還能對信念抱有執著。

哪怕只有一滴蜜，也夠他苦撐著再走下去。

長今成功栽培出新作物，她的成功鼓舞了多栽軒的同僚，大家歡天喜地的慶祝，重新燃起希望。

而在眾人宴饗之際，長今獨自坐在山坡上，悵然淡笑著、淚流滿面。

我很喜歡這一幕。

在我的想像中，為柳州帶來新生的柳宗元，看著人民豐收慶賀、文化種子發芽結果，看著人民歡愉，他可能也躲在某個角落，淚流滿面。想起一口蜜的滋味，為了那個信念，不知不覺的，驀然發現，自己居然也走了很長一段路。

荒山野嶺，居然也被走出一條新的道路。

下課了，老師還有些話要說

中唐五大作家：韓柳白元劉。我最欣賞的就是柳宗元。他沒有韓愈的鯁烈、沒有劉禹錫的狂傲，沒有白居易的世俗、沒有元稹的圓滑。他是五人中最悲慘的，他哭過求過，最後世道還是沒給他一個平反的機會。但也許這樣，我覺得他最樸實真誠、也最堅強。

千山鳥飛絕，萬徑人蹤滅。
孤舟簑笠翁，獨釣寒江雪。

——柳宗元〈江雪〉

「千萬孤獨」藏頭，是柳宗元說不出的苦悶。
但即使孤獨若此，他依舊是他。

噢，對了，還記得柳宗元在絕路中將最後一碗水留給他的劉禹錫嗎？
柳宗元死後，在顛沛中還為他整理詩文、照顧妻兒，將他兒子培養成進士的，就是劉禹錫。
最後一個沒變的，至少還有老友。

為了更長遠的利益

孟子〈義利之辨〉vs. 電影〈怪獸與葛林戴華德的罪行〉

《哈利波特》熱銷全球，無論是否看過原著，也大概聽說過大魔王佛地魔的名號吧？

佛地魔擅於掌握人們的恐懼，用暴力殺戮箝制人心。有很多年的時間，連他的名號都成了人們噤不敢言的禁忌。他支配的食死人集團更是一個冷血暴力的組織，在不赦咒下犧牲的亡魂不勝枚舉。

佛地魔以死亡打造他的勢力：他用死亡脅迫人們屈從於他，以死亡操控食死人的忠誠；更以分靈體躲避他所畏懼的死亡大限，好完成他所謂「永生的強大」。

這樣的佛地魔很可怕，但卻不是最可怕的。

比起他的黑巫師前輩——葛林戴華德來說，佛地魔只是個格調不高的暴力獨裁者。

《哈利波特》之後，作者JK羅琳又推出了前傳「怪獸與牠們的產地」系列電影。敘事時序提前到鄧不利多和葛林戴華德的壯年時代，當這位黑巫師真正登場時，讀者們突然發現：欸，同樣都是黑魔王，葛林戴華德怎麼比佛地魔有型這麼多？

答案絕對不是因為佛地魔沒鼻子，而葛林戴華德卻由帥大叔強尼戴普飾演（雖然強叔真的有加分）。

相較於訴求力量、獨裁鎮壓的佛地魔，葛林戴華德其實是個更有「格調」的反派人物。正確來說，他有理想——對，他是個很有理想的魔王。

你說，魔王還有理想？

是的，而且比起佛地魔以死亡和利益操控食死人的手段，葛林戴華德更加能吸引人效忠、也更加危險。

導演大衛．葉慈對葛林戴華德有這麼一番評論：「如果你與佛地魔持不同意見，他會立刻殺了你，但是葛林戴華德能在五分鐘內說服你放棄立場，加入他的陣營。」

葛林戴華德的主張是什麼？讓長久被邊緣化的巫師族群站上歷史的舞台，統領整個人類。讓更有力量的巫師引導歷史，打造一個他所期待的和諧社會。

而他的口號是：「為了更長遠的利益。」

是的，利益，為了多數人的利益、為了更長遠的利益。

葛林戴華德想要不計代價去做心目中認為正確的事。他主要的訴求是和諧，但要用他的方法。

所以為了謀求更大的利益，有些手段是迫不得已的，有些犧牲是在所難免的。但為了那個更大更好的目標，就算有少數人慘呼哀號，灰飛煙滅，也是不得已的抉擇。

遠離所有的骯髒

一九二八年，有個文弱羞怯的青年，他身體孱弱，但愛好動物，愛好自然。他熱情的和孩子們討論如何照顧、愛護動物，並批判獵人「會殺死有如此可愛眼眸的鹿簡直是異常」。

而這位青年將在今天迎娶他魂牽夢縈的佳人，共組家庭。

在神的祝福下，新郎親吻新娘，他對心愛的新娘發誓：

「在我們的家，我們的城堡，我們將遠離所有的骯髒。」

他的確是一個愛妻愛子的好父親，無論他日後公務有多繁忙，他總是不忘妻兒。

在他閒暇之時，他陪著女兒騎馬、划船，共度田野鄉村生活。他寫給女兒的信，殷殷叮囑著：「生活裡要永遠正直、成熟、善良。」

他致力想要達成他對妻子的婚誓——為了一個更好的世界，更長遠的利益，所以我們要盡力遠離所有的骯髒與不潔。

那些骯髒包含了：殘疾者、先天性遺傳疾病患者、同性戀，異議者。噢！還有那些像臭蟲一樣的吉普賽人與猶太人。

所以這位父親非常努力的清掃世界的骯髒，他是集中營最高管轄者，致力於種族清洗維護亞利安血統的純淨。

他的名字是海因里希·魯伊特伯德·希姆萊（Heinrich Luitpold Himmler），是希特勒的重要臂膀，被認為對歐洲六百萬名猶太人、同性戀者、共產黨人和廿萬至五十萬名羅姆人的大屠殺以及許多武裝親衛隊的戰爭罪行，負有主要責任。德國《明鏡》週刊中對希姆萊的評價是「有史以來最大的劊子手」。（推薦閱讀：房慧真〈草莓與灰燼——加害者的日常〉一文）

噢對了，這個喜愛動物的男人，在初次觀看猶太人被槍斃的畫面時，他吐了；在初次看毒氣室的施行狀況時，他也暈眩嘔吐。

不知他的嘔吐原因是什麼。

不過很多人在打蟑螂時也會覺得噁心。也許他嘔吐的原因跟看到蟑螂爆漿時的反應一樣？但即使吐了，我也還是要滅絕，因為他們是害蟲。是危害這個美麗花園的害蟲。

一切，都是為了最崇高的利益。

王何必曰利？

葛林戴華德的可怕，在於他能在五分鐘內讓你認同他的主張。有何不好？只要我身處於他的既得利益範圍，我為何要阻止他的做法？而利益，本來就是每個人、團體、國家所追求的。

我們常說，國際外交只是一場場利益的交換遊戲，是的，所以當梁惠王問孟子「你要帶給我什麼利益？」時，梁惠王並沒有錯。

孟子見梁惠王。王曰：「叟！不遠千里而來，亦將有以利吾國乎？」

孟子對曰：「王何必曰利？亦有仁義而已矣！」

很多人說，是孟子錯了。國家要的只有利益，你去談什麼仁義？如此的迂腐、不切實際，活該你繼續失業周遊列國下去。

可是，讓我們仔細想想，當利益成為無限上綱的神主牌，整個團體、民粹可以瘋狂到什麼地步？

為了多數人的利益，所以都更是必然的，違章建築本來就該強制拆除。

為了更多人的利益，少數族群的犧牲也是在所難免的，請你們自己摸摸鼻子忍耐。

為了更多人的利益，所以我們不需要阻礙者、妨礙者、緩行者，他們的孱弱只是拖垮整個族群前進的腳步，他們應該被丟下。

《正義》這本書開頭就是一道兩難題：

失控的火車即將撞死前方的五個工人，將火車轉向，則會撞死一個身有殘疾的孩子，犧牲一人救整台火車（和五個工人），你做不做？

而在這問題之後還有進階題：

如果今天要你「親手」推下一個人，但可以救活五個人，你會不會動手？

這些題目沒有標準答案，但有趣的是，前一個問題很多人回答「做」，但進階問題須要「親自動手」，很多人就猶豫了。

現實是，我們的社會確實保障多數人的權利——尤其當我們是既得利益者時。直接推人致死我們會猶豫，但只要保持沉默，就能讓政策為我們推人下去。

孟子說，王啊，如果一個國家上下只追逐著利益，奉利益為最高指標，這個國家會很危險的。上下交征利，則國危矣。

而一個只有利益導向的國家，很難讓人民真正產生認同。人民早已習慣追逐利益，只會不斷追求更大的利益。如果有機會，也會毫不猶豫地拋棄原生國家、移民，前往更棒的奶與蜜之國。

所以王啊，有個東西也許你覺得很迂腐，但你聽說過仁義嗎？

講到仁義可能很多人要翻白眼了，我換個詞吧！

你聽過「公民素養」嗎？

一個真正具有公民素養的國家，他的人民懂得進退取捨、懂得在救護車經過時自發性的禮讓，懂得在無人的紅燈前停下，懂得在沒人管制的收票口前主動繳費。

當公民素養深化入心，人民懂得自尊自重；在既得利益之前，人民記得反思弱勢族群失去的，並留意該爭取的正義。

論語說，道之以德，齊之以禮，民有恥且格。

用今天的說法，一個真正進步的國家，不是只用經濟發展的評估，還要考察這個國家的人民，他們是否有足夠的公民素養，能夠自尊自重。

諷刺的是，當利益成了一個國家的大旗，「為了更長遠的利益」，很多東西就變得無足輕重了。

同時，利益可以無限上綱成更多名目，譬如說「維持社會穩定」、「維持國家安定」。

與不可牴觸的多數利益來說，其他不合群的異數者，就只是花園裡的害蟲，應該清除。

利，可以是一己之小利，也能是多數人幸福之利益。但無論「小利」、「大利」的取得，孟子說，都應以「義」為最後判斷標準，以義當作是煞車線，隨時減速、檢視修正軌道。否則，這台全力向「利」衝去的火車，終將失控而翻覆。

孔子說，只以利益為行事標準，容易遭致怨恨。放於利而行，多怨。

人不為己，天誅地滅。

這句話已是老生常談，但以這句當作為自己行為開脫的理由，已是放棄人具有主體性、自覺心與道德心的可能性。將「滿足私慾」合理化，而徹底否定了人具有「超我」的可能性。

否定了捨己為人的高尚、否定犧牲小我的選擇；

否定人可以讓自己不同於畜牲的自我抉擇，否定人具有反省檢討的省思能力。

孟子說，人是有向善的可能性的，人是可以更超越「我執」的。但我們在成長的過程中，放棄了自我提升的可能性。甚至，我們會說，「有錢賺為何不賺？」「有利為何不爭？」

在利之前，環保、尊嚴、自由、尊重、平等、愛、道德，全部都是迂腐不切實際。

重演的歷史

寫這篇文章時，我心情非常沉重。

我曾遊歷德國達豪集中營，二月寒冬中我穿著羽絨大衣，佇立集中營空曠的廣場上，口袋裡塞滿暖暖包，還是瑟瑟發抖。

寒冷天氣中，我那台老不堪用的手機頻頻當機。

我買了熱咖啡啜飲，一邊看著導覽資料說明：每天清晨，這個毫無遮蔽的廣場是囚犯們點名的地方，寒冬中他們只有薄薄一件條紋囚衣，長達數個小時的集合，撐不住的人就一個個倒下，直接死亡。

每天早上，這個廣場就是一場生存淘汰賽。

我想著這不該再重複的歷史，然後看著相似的事依舊在這個世界繼續發生。

為了更大的利益、為了社會的穩定、為了國家的安定秩序。在這些口號之下，你除了順從沒有別的了。

催淚彈如雨落在校園，學生在街頭被拘捕，坦克車輾過人民肉身，異教徒異文化需要再次教育……

一切都是，為了最大的利益。

只要去除花園裡的害蟲

比起暴力鎮壓的佛地魔，葛林戴華德是更危險的存在。

面對暴政威脅人們會揭竿而起，但面對利益時我們容易臣服。

後世學者曾研究為何納粹主義能像傳染病一樣風靡人心，在眾多研究資料中，有一位失業者在參與納粹演講後，在日記上寫道：

我終於找到我長久以來一直在苦苦追尋的東西！正義、與發展。

他興奮的紀錄：

這些理念總有一天，會成為世界其他純淨民族的世界觀……世界將會更加真摯的迎來和平。

他用花園裡的花朵來比喻想像中的世界，每一種花朵都將以自己的方式綻放——只要他們沒有毒的話。

正義、發展、大家的利益——這些理念都很美好不是嗎？

最初的最初，追求更長遠利益的葛林戴華德，也是一個充滿理念與才華的年輕人。

「義利之辯」真的只是迂腐的文教考題嗎？每日看著國際新聞，我不禁歎息。

下課了，老師還有些話要說

書迷們找出葛林戴華德設定中的諸多巧合，有許多設定與歷史極為相似。

電影最後的葛林戴華德在法國雷斯壯公墓的演說（電影背景一九二七年），雖說最後被主角與正氣師們阻止，但仍成功吸收群眾支持。

希特勒於一九二三年在啤酒館發表演說，在演說結束十三分鐘後，啤酒館發生了爆炸（啤酒館政變，又稱啤酒館暴動、慕尼黑政變），部分黨羽逃到了奧地利，但啤酒館政變間接促進了納粹黨的發展。

葛林戴華德選擇死神的聖物為標誌，而納粹則以兩個 S 交疊為標誌。《哈利波特》第七集中，喀浪對於露娜父親配戴死神的聖物標誌極為憤怒，正如納粹符號至今仍為後世的人帶來極大恐懼。

葛林戴華德在奧地利建造的監獄及堡壘叫做諾曼加（Nurmengard），諾曼加不只是受害者的監獄，也是葛林戴華德失勢後終身監禁的地方；而德國則是在戰後於紐倫堡進行審判——沒錯，電影設定中的「諾曼加」，又與紐倫堡（Nuremberg）拼音相似。

越過山丘，把自己搞丟的大叔們

蘇軾〈念奴嬌〉vs. 影集〈王冠〉

我千辛萬苦到了月球，卻發現月球上一無所有……

以英國王室為主題的 Netfexi 影集〈王冠〉，是我深深著迷的神劇。一季十集，每一季正好講述女王十年間的執政大事件。

第三季，正好是女王步入中年。褪去了早期的青澀，女王更顯得成熟，處理國事更加游刃有餘。第三季的劇情，也隨著劇中人的歷練，更顯深沉且極具哲思。

其中，我最愛的是第三季的「月塵」這集。這集的故事主角，是女王的丈夫

——菲利浦親王。

菲利浦親王在王室是個特殊的存在，他有著希臘與丹麥王室的血統，卻是個落魄流亡王子。悲慘的童年與成長過程讓他有桀傲不遜的靈魂，優秀的體能與海軍經歷更讓他擁有冒險家的特質。

可這些特質在保守的王室中顯得粗野、頑劣且格格不入。

女王即位之初，親王在這段權力不對等的婚姻中，是非常不滿的。

他是天生自帶光環的人，但當他的妻子是英國女王時，他注定只能成為配角。

這樣的摩擦花了很久的時間，到第二季尾聲——婚姻進入十年時，夫妻倆才終於磨合出新的默契。

到了第三季，中年後的親王，顯然已接受了「輔助女王」這項責任。

但他真的沒有遺憾嗎？

一九六九這一年，阿波羅十一號成功發射，挑戰人類首次登月的神聖任務。

萬眾矚目，人們守在電視機前，等候在電視螢幕上看到月球的真實面貌。

王室成員也守在電視機前，公主王子們又叫又鬧，但最癡迷於登月行動的，莫過於菲利浦親王。

一個年過四十的中年大叔，對整場登月行動，癡迷著魔到不行。他像一個瘋狂追星的粉絲，守在電視機前，守著漫長的整場行動。

那三個年輕太空人，代替全人類踏出了史上偉大的一步，注定留名青史。

但困守白金漢宮的、四十歲的菲利浦親王，在王室成員的華麗冠冕下，只有日復一日的剪綵、開幕、致詞……出席一場場公眾活動，微笑、致詞。

年輕時他想當位冒險家，隨著海軍乘風踏浪，建功立業、揚名立萬，如今那個夢想已模糊的彷彿上輩子的事。

同樣的感慨，八百年前的長江岸上，一位中年大叔也曾有過。

二十出頭便一試中第，文章天下傳唱，風光了半生，卻因一場文字冤獄成了人人喊打的過街老鼠，所有的光環都被剝去，困守黃州，他什麼都不是。

站在傳說的赤壁古戰場之下，大叔東坡自嘲苦笑。

遙想公瑾當年，小喬初嫁了，雄姿英發。羽扇綸巾，談笑處、檣艣灰飛煙滅。

他想起了當年羽扇綸巾的周公瑾，多好，少年得志、雄姿英發，年紀輕輕就成就了千古功業，年紀輕輕就在史書記上不可抹滅的一筆。

而自己呢？

自己呢？

夜半無人時，菲利浦親王還守在電視機前看著登月轉播。從月球傳回地球的空拍畫面，遙遠而陌生的美，四十多歲的大叔，望著電視裡的地球笑得像個孩子，眼淚卻落了下來。

故國神遊，多情應笑我，早生華髮。
人間如夢，一尊還酹江月。

八百年前的蘇軾，遙想著赤壁之戰的壯烈，英雄如歌氣如虹，一尊酒還酹江月時，酒裡是否還參了幾滴大叔的淚？

登月英雄們回到地球，開始了世界巡迴參訪，其中一站就是白金漢宮。得知將與心目中的英雄相見歡，親王完全成了迷哥迷妹模式，再三在紙上擬了許多問題，但最後，出現在他眼前的，不是想像中顧盼飛揚的少年英雄，只是三個水土不服，重感冒噴嚏打個沒完的年輕人。

親王檢視著他寫滿提問的稿紙，最後，滿懷期待地問了：「當你們完成這項人類史上神聖任務時，你們在想些什麼？」

「呃……」阿姆斯壯聳聳肩：「您也是飛行員，您懂得，飛行間有一大堆的指令和操作。太空更是如此，我只想著要完成、確認，完成、確認，完成那一長串的清單任務。」

聽到這段對話，親王露出失望的眼神。

而我，忍不住莞爾。

親王渴望在三個太空英雄身上找到讓自己重新振作的力量，卻未料，答案竟如此普通，毫不激勵人心。

我忍不住想，如果蘇軾遇到了他所嚮往的周公瑾，會不會也有以下對話？

「火燒曹軍時，你在想什麼？」

「欸……」公瑾聳了聳肩：「還好真的有東風，要不然就死定了。」

假設真有這一刻的對談，東坡大叔，是否也會露出跟親王相似的、失望而又寂寞的微笑？

行到中年，讀書考試、求職成家，忙忙咧咧的走著闖著，日復一日，日子過成了年輕時從沒想過的樣子。

於是喜歡追追劇，看看螢幕裡那些精彩荒誕的故事，好像這樣可以填補自己貧乏單調的人生。

可到最後，日子是自己的，寄託在他人身上的迷惘永遠沒有答案。

先前，我在課堂上講述〈念奴嬌．赤壁懷古〉時，其實是沒有太多共鳴的。這是首弔古之作，藉懷古寄託作者謫居失意之嘆。

課本講得很清楚，我也是這麼講解的。

終究，自己還未真正懂東坡「早生華髮」的嘆息。

看著《王冠》裡焦躁、煩悶的執行公務，只能在深夜癡迷守候登月行動，笑著哭著的菲利浦親王，我突然好像懂了一些什麼。

無論是蘇軾的念奴嬌，或是親王寫在紙上滿滿的哲學思辨問題，或許都是一種中年危機與不安。

就像親王說的，千辛萬苦登上了月球，卻發現月球是一片荒蕪，什麼都沒有。

也許我們從未成熟
還沒能曉得　就快要老了
儘管心裡活著的還是那個年輕人
越過山丘　雖然已白了頭
喋喋不休　時不我予的哀愁
還未如願見著不朽　就把自己先搞丟。

李宗盛那首滄桑、寫給老男人的歌，〈山丘〉，歌詞突然一句句的浮現在我腦海裡。

戲劇的最後，曾一度遠離信仰，拒絕上教堂，甚至還出言將一群同處中年危機的牧師羞辱一番的親王，重新回到牧師面前。

「並沒有一個特定的起始時間，而是比較漸進式的，一點一滴累積起來的疑惑、不滿、不適和不安，我身旁的人也注意到我暴躁易怒，更不用說我對這些年輕太空人的成就，執迷到近乎嫉妒的地步。我無法尋得平靜，或滿足感、成就感，看到這些症狀，不用是天才也知道，全都顯示我正處於……一種我都說不出是什麼的危機之中。」

「我母親最近過世了，她就看出我有些欠缺，欠缺，她看出她的么子有些欠缺，信仰吧，我現在向你們承認，我失去了。而…失去了信仰，還剩下什麼呢？那種寂寞、那種空虛和反高潮，千里迢迢去了月球，只找到一片死寂，駭人的靜默，死氣沉沉。沒有信仰就是這種感覺。」

我翻尋網友們的評論，很多評論說，哎！又回到了宗教的懷抱，這集最後成了傳教。

我想，不是的，宗教只是眾多信仰的一種，或者我們可廣義名之為「信念」。那是一種年少輕狂的信念，相信著努力就會有收穫、相信是非正義可以明辨、相信有情人終成眷屬、相信未來將會是一片能掌握的康莊坦途。

可曾幾何時，我們發現自己力不從心，最終也只是社會中一個小齒輪，日復一日的旋轉著。

隨著成長，單純0和1的世界，似乎已無法全面解釋我們所遭遇的世界。親王也迷戀過偉大的科技與創新，但他發現登月似乎也只是一連串的指令。他說：「要解決我們的問題，我認為不在於創新或是科學、技術，甚至是勇氣。不，答案是在這，」他指了指頭。「或這。」最後，他指著自己的胸口。

菲利浦停頓了一下，望著總鐸，總鐸給他一個鼓勵的溫暖眼神。

大叔深呼吸，此時的他，並不是王室貴族，只是一個迷失的中年男人。

「我想說的是，請幫我，請幫幫我，同時也是來承認，我今天來見你們，比坐火箭上太空還要害怕。」

因為不安而頻頻回首，無知的索求著，羞恥於求救，坦承自己危機的菲利浦親王，這段台詞，深深的打動了我。

同年齡的好友陸續進入婚姻，為人妻、為人媳、為人母，慢慢的，身邊朋友每次的聚會，不再只是情情愛愛的八卦聊天。我們開始有了宗教信仰，或者求神問卜，求籤改運。

我們迷惘、迷失，害怕，想要找到一種支持的力量，因為羞恥向他人承認自己的遺失。

無論是多次在赤壁自我辨證的東坡，或是〈王冠〉中最後和總鐸成為終身好友的親王，又或是將中年滄桑寫作歌的樂壇教父李宗盛，或許，他們在訴說的，都是同一種危機。

越過山丘　雖然已白了頭
喋喋不休　時不我予的哀愁

還未如願見著不朽
就把自己先搞丟

多有趣的事。我們在高中課本裡放入東坡的〈念奴嬌．赤壁懷古〉，讓十六歲的孩子提早預習四十歲大叔的中年危機。

才剛開始尋找人生的青年學子，遇上搞丟自己的中年大叔蘇軾，這段對話想要真正開啟，真的很不容易。

或許國文老師不用太感嘆學生對詩詞的共鳴不夠，因為，這樣的對話，說不定連講課的我，都還未真正了解東坡早生華髮的中年危機。

也許，這次的領悟，對我也是一種提前預習，尋找足以支撐自己的一種信仰、信念，在下一波迷惘大浪打上時，也能勇敢地承認：

「我迷失了」。

我覺得我，怪美的

從〈晚遊六橋待月記〉到蔡依林〈怪美的〉

Jolin 蔡依林是我很佩服的藝人，對我這代人來說，蔡依林陪伴了我整個青春。剛出道時她還是青澀甜美的高中女孩，歷經了合約風波後，過了幾年，Jolin 帶著《看我七十二變》這張專輯，重新攻佔各大排行榜：

人不愛美天誅地滅
現在就開始改變
麻雀也能飛上青天

無所謂　管它缺不缺陷
讓鼻子再高一點　空氣才新鮮
再見單眼皮再見　腰圍再小一點
努力戰勝一切　缺點變成焦點

那一年的蔡依林正值轉型，一首〈看我七十二變〉讓她開出紅盤，也從原本清新的學生歌手，蛻變成為性感火辣的唱跳女將。

但高唱「人不愛美天誅地滅」的蔡依林，在這之後卻陷入了「美」這場無盡戰爭中。

世人笑她胖，她放棄享受美食的權利，吃東西過水再三挑揀；她的穿著打扮被網友群嘲「抄襲」，或者比作各種海產訕笑；媒體放大她每張照片，只為檢視她是否整型、隆乳，有無進場維修。

蔡依林努力符合世人對「美」的定義，「看我七十二變」的背後，是為了貼近主流審美的各種犧牲與委曲求全。她不是唯一，過去我們翻日韓雜誌複製時尚，現今變成了看美妝網紅學習化妝——大規模複製的時尚旋風，這是每個時代永遠不變的定律。

對複製化的審美風潮反思，也許晚明的袁宏道會是一個可參考的美學大師。

我心至上的小品文大師

要介紹袁宏道前，我們必須先知道晚明的文壇主流價值是什麼。

明代承平時期，讀書人熱切學習的是「八股文」，以及朝廷重臣引領的「台閣體」。這兩項幾乎就是「做官寶典」，當官前努力學作八股文，當官後還要記得好好研讀高官大臣的詩文，一起來寫些歌功頌德的交際文章。

台閣體的應酬文章持續了一百年左右，引發了一些有志之士的不滿。明中葉時期，以李夢陽為首的「前七子」團體跳了出來，反對「台閣體」的千篇一律，主張「文必秦漢，詩必盛唐」——優秀的古代文學才是好東西，大家，一起走回復古style吧！

「復古派」對修正台閣體「單緩冗遝」的缺點起了一定的積極作用，此派勢力頗大，除了前七子，晚明又冒出了李攀龍、王世貞為首的「後七子」，足足十四人的「前後七子」文壇偶像團體。但當一個風格走到底，其弊病也勢必產生：復古派逐漸走上了盲目尊古的道路，失去與當代的連結，缺乏創新，使他們成了一味仿古的假古董。

就像天平一樣，一種觀念走到極端，另一種主張就會出來平衡。歸有光等人高舉「唐宋派」大旗，強調「唐宋也有好文章」。而晚明小品以袁家兄弟為首的「公安派」，更主張「獨抒性靈，不拘格套」。

用最簡單的話來說，公安派的主張就是：做自己。

寫你真正想寫的，喜歡什麼大膽說出來。

而這其中最做自己、活的瀟灑恣意的，就是袁家三兄弟中的二哥，袁宏道。

穿著內衣賞花的自在大叔

袁宏道，憑實力瀟灑的優秀公務員，不管是知縣、吏部主事，放在哪個單位都做得有聲有色。但他不耐官場阿諛奉承的虛情假意，七次辭官大喊「官實能害死我性命！」搞到最後，原先不想放人的上司只好批准讓他「暫退養病」。

做官做到這樣瀟灑，應該會氣死很多貶謫在某處蹲的人。（柳宗元表示……）

官場他不在意，其他方面更是活的有滋有味。和朋友去西湖賞桃花，路上看到一個穿著白絹衣服的人翩翩而過，花色照映在白衣上，顯得鮮豔異常，很是好看。

袁大叔看傻了眼，也想效法，可是今天沒穿白衣怎麼辦？沒關係，我有穿白內衣！

於是大叔吆喝一聲，同行的大叔們只要穿白內衣的，一起脫掉外衣，大家穿著白內衣躺在地上賞花，比賽看誰能用臉接住多少落花，輸的人就要唱歌受罰。

忽騎者白紈而過，光晃衣，鮮麗倍常，諸友白其內者皆去表。少倦，臥地上飲，以面受花，多者浮，少者歌，以為樂。

——〈雨後遊六橋記〉

每次想像這畫面，我就忍不住想笑。如果是年輕人我們還可說是年少輕狂，可這是一群大叔啊！人到中晚年，還能不顧他人眼光，自由自在地躺在地上玩遊戲，也真夠率性的了。

也許會有人覺得袁大叔太瘋癲，但袁宏道可不覺得。對他來說，人生很重要的就是一個「趣」字。人在孩提時代，說不定連「趣」這個字都認不得呢，但卻能在任何地方找出樂趣來；但年紀漸長後，地位越來越高，反而包袱更重，離「趣味」越來越遠了。

當其為童子也，不知有趣，然無往而非趣也……迨夫年漸長，官漸高，品漸大，有身如梏，有心如棘，毛孔骨節俱為聞見知識所縛，入理愈深，然其去趣愈遠矣。

——〈敘陳正甫會心集〉

如果能保有赤子之心品嘗生活之趣、挖掘細節之美，這就是一種發自性靈的「真」，這樣的「美」、「趣」俯拾即是，在高山流水中，亦在市集鬧區之間。

而他的〈晚遊六橋待月記〉，就是篇記錄各種美好的風景寫生。

看山看水看人，處處皆宜

那是一個特別的春天，春雪甚盛，以致梅花與杏桃相次開放。朋友石簣一直鼓吹快去賞梅，尤其某處梅花還是前位名士留下的，快去賞啊！

但袁宏道不想動，他說，我正著迷於桃花呢，捨不得離開。余時為桃花所戀，竟不忍去湖上。

文人雅士愛梅不愛桃，贊梅之高潔而鄙桃之輕薄；若這梅還是過去某位名士所栽，那更不得了了──名人加持，絕非俗物。

一如我們生活中，也有一些品牌的加持，來襯托我們身分非同一般：咖啡、品酒、張愛玲，這是文青派頭；SPA、名牌服飾、高級飯店美食打卡，這是貴婦行程。

但老袁偏偏說：為桃花所戀，竟不忍去湖上。

桃花紅艷艷的也很美啊！花就是花，美就是美，高潔輕薄之分的，那是人心。一如名妓嚴蕊所述「白白與紅紅，別是東風情味」。

桃花在詩歌中典故眾多，是出嫁時的桃之夭夭？是避秦桃源？還是輕薄逐水流？但無論詩人們是褒是貶，桃終究是桃，花開花落，順應天地運行。

老袁說，我迷戀在此刻桃花林中，而且，此刻有此美欣賞，足矣。

不用再去蒐集別的美景了，美景不是集點，更不是打卡炫耀用的。

遊玩最怕人擠人，各大景點都是人龍滾滾，若是孤僻如我之輩，只要碰到喧囂擁擠之處，便是心生煩厭，躁鬱到不行。

但老袁身處在人海中，倒也有滋有味。西湖遊春之人「多於堤畔之草」，遊客還自帶樂隊吹奏，比現在自備卡拉OK還強啊。擠得每位盛裝打扮的美人們汗流滿面，妝可能都花了。

由斷橋至蘇堤一帶，綠煙紅霧，彌漫二十餘里。歌吹為風，粉汗為雨，羅紈之盛，多於堤畔之草，豔冶極矣。

人多成這樣他只覺得有趣，看看身邊各色盛裝打扮的妹子，快樂的很。

換個場景，我們也可想像老袁身處在墾丁春吶，各店音響齊拚音樂，海鮮燒烤滿街噴香；迎面走來都是比基尼辣妹，哎呀，不亦樂乎不亦樂乎！

這也是老袁有趣的地方，有些人道貌岸然，只敢偷瞄辣妹；老袁裝都不裝，他直接說，好看！好看！

花好，人也好！艷冶極矣！

這也是公安派追求的「真」、「俗」、「趣」，看花花美，看人人亦美。但熱鬧有熱鬧的有趣，老袁也有老袁的私房景點與賞景時間：避開觀光人潮，就是要在朝日始出、夕舂未下之時，才是西湖濃媚之時；而夜深人靜時的月景尤不可言——這可不能與俗客言，因為私房景點一旦被播報出去，人潮又全湧去了。

> 然杭人遊湖，止午、未、申三時，其實湖光染翠之工，山嵐設色之妙，皆在朝日始出，夕舂未下，始極其濃媚。
>
> 月景尤不可言，花態柳情，山容水意，別是一種趣味。此樂留與山僧遊客受用，

安可為俗士道哉！

老袁想說的是，算啦算啦，我還是保留一點屬於我的私房審美吧！

至此，國文課文總說這是「作者展現不流於俗的審美意趣」，但我私心有些不同看法。我總覺得，老袁讓我真心佩服的是——雖然心中自有最愛，但他也能欣賞別人所認同的美，並品出另一番滋味。

換句話說，能品月之初昇的獨處靜謐、亦能於繁華市井中嚐得生活五味之喜，這才是真正的「入境隨俗」，「隨遇而安」不是嗎？

能端坐在國家音樂廳中欣賞古典樂，也能在站在宮廟前滋滋有味的欣賞野台戲；能在雲裳華影的盛會中品一杯珍釀玉液，也能穿著短褲藍白拖坐在騎樓大啖熱炒、大喝啤酒。

這就是袁宏道的美，美無所不在，不用端著架子，也不用故作姿態。美可以是眾所公認，也可以是我獨自在瑣碎俗世中淘撿來的沙金。

這讓我想到一部法國電影——〈艾蜜莉的異想世界〉。

艾蜜莉是個古怪獨特的女孩，她有一對保守僵硬的父母，從小被限制在屋內不得外出。但這不影響她用獨特的觀察和想像品味世界，世界對艾蜜莉來說有太多細小而不足為人道的趣味：在穀物市場一把將手伸進裝滿豆子的袋裡、捏破防撞袋氣泡的快感、拿湯匙敲破布丁上焦糖的聲響……

這些趣味讓艾蜜莉每天都很快樂，雖然這快樂中有著孤獨，因為沒人能懂、她也不好跟人說。

但也許審美的過程中，有時本就需要一些孤獨。

正如蔣勳老師在《孤獨六講》中說的：

孤獨讓一個人懂得悲憫、能看到世界更多的面向；這種與世界保持的距離，也維持了個體的獨立，以跳出大眾的既定思維。不過孤獨僅是陶醉於個人世界嗎？其實於他而言，這也是連結群體的方法：當人透過孤獨對自己認識得更深時，才能以更完整的自己與群體互動，以不至像「盲頭烏蠅」般，在群體中失衡。

或許我們可以像袁宏道學習，我既有屬於自己的審美品味，但我也不排斥與群體接軌。

「主流」和「非主流」的取捨平衡，袁宏道達到了轉圜自如的揮灑境界。

我，怪美的

到此，我想再次將話題回到蔡依林身上。

二〇〇三年蔡依林推出「看我七十二變」，但到二〇一九，蔡依林又推出一支新作品：「怪美的」。

影片一開始，法官蔡依林審判著犯人蔡依林：「被告未達大眾審美標準」。

接下來是過去十六年來公眾對蔡依林的每一項控訴回顧。

影片最後，蔡依林終於咬下了美食，與美食和解；打破了鏡中不滿意的自己，穿著曾被觀眾罵醜的洋裝，驕傲自信的微笑著。

最後的最後，犯人蔡依林，擁抱了法官蔡依林。

十六年了，她誠實的擁抱自己，和自己和解。

也許我們也可以和社會審美價值和解吧？

一如年過三十後，我才逐漸明白什麼是最適合自己的。不再盲目追求流行，我開始飲食控制，因為我也還是希望自己符合健康身形；但我不再採取激烈減肥方法，更學著如何用搭配揚長補短，展現出個人的穿衣風格。

同樣的，你我的成長過程中，也許也已被這社會公認的美狠狠傷害過。希望我們都有袁宏道的達觀和包容。

美不用標新立異、但也不用人云亦云；

美無所不在，不拘格套；

美，就在每一秒讓你心醉神馳的事物之中。

然後，我們也可不孤傲、不媚俗的自信笑說：我覺得我，怪美的！

花開花落攏有味

〈髻〉和〈孤味〉的不圓滿之歌

林秀英是台南一間以蝦捲起家的餐廳老闆娘，在丈夫離家後，堅強能幹的她一手養大了三個女兒。眼見三個女兒各有一片天，自己苦盡甘來，卻在七十歲大壽當天，得知負心丈夫過世的消息。

丈夫在外另有情人，遺願卻是「想回家」。秀英再不甘也還是默默接過承辦喪禮的責任。小女兒不知道家裡那段辛苦的歲月，私下常和父親及那位「阿姨」往來，甚至指責秀英不讓「阿姨」來送父親最後一程：「同樣是女人的心情，難道你不能理解嗎？」

秀英又氣又委屈，她不明白含辛茹苦養育女兒二十年，在女兒心中為何還比不上那個沒養過家的父親？

但三個女兒也各有各的壓抑和委屈，母女四人在喪禮中不斷摩擦、衝突、爭吵，但最終，她們依舊是一家人。

哭完氣完，依舊相擁依偎的家人。

二〇二〇金馬獎入圍六項的〈孤味〉，描述了秀英這個傳統堅毅的女子，和女兒、孫女三代女性的各自課題。在破碎婚姻中忍辱負重的秀英，堅毅卻也剛硬獨斷，無形中將她的怨嘆轉移到女兒身上。女兒們懂母親的不易，卻也背負著母親的負面情緒壓力。

「我做牛做馬一輩子，換不到你們一聲謝謝，養你們噢，沒路用噢！」母親掛在嘴邊的怨歎，三個女兒不答腔。

她們不是不懂母親的辛苦，卻也背負著母親的負面情緒。

思念父親好似對母親的背叛，可是為什麼，孩子思念父親是要愧疚的？

散文大家琦君的名篇〈髻〉，也講述了母親、姨娘的半生榮悲。在上一輩的傳統婚姻中，年幼琦君見證了不得丈夫寵愛的母親青春空付，備受寵愛的姨娘晚年卻也是蕭條冷清。琦君以其溫婉筆調紀錄了傳統女子只能「菟絲附女蘿」的悲歡情仇，姨娘和母親每早背對背梳頭的畫面，更是將傳統女子的榮寵血淚濃縮在紙筆一隅。

而小琦君在這場上代人的恩怨中也被迫長大，學會隱忍、學會踮起腳尖為母親梳髮。她對姨娘不免怨懟，但卻又和姨娘有著閱讀小說的共同嗜好。

「你和她相處得來，也好。」說這句話時母親的神色複雜，琦君亦是。

無論是〈孤味〉還是〈髻〉，都是原生家庭破碎的悲歌，也是一代女子群像。無論哪個時代，婚姻中的困窘摩擦依舊多不勝數，理不清的家務事，一直是每個世代共同的課題。

他們都是好人，但不是完人

台灣散文大家琦君，筆下憶起與父母家人的相處點滴，總是充滿著溫馨的孺慕之思。但事實上，琦君筆下的父親、母親，應是她的伯父、伯母。琦君的親生父母早亡，伯父、伯母給予琦君兄妹最真摯的呵護與親情，也成為琦君文章中提到的「父親」、「母親」。

她的養父，潘國綱，是一位飽讀詩書的儒將。陸軍大學第一期畢業，又是日本留學的高材生，騎術、槍法一流，更愛讀書買書。即使晚年輾轉於病榻，也常口授《左傳》、《史記》等書，對愛女教育的重視可見一斑。在琦君回憶中，文武全才的父親心懷天下，又是個「對人好，對馬也好，連鞭子都不用一下」的仁慈君子。

她的養母，葉夢蘭，是琦君回憶中最不吝筆墨描述的光輝所在。她勤勉劬勞、節儉樸實，憐弱惜貧。過年時故鄉每家都會蒸一籠賑濟叫化子的「富貴年糕」，別人家在這一籠用料總是能省則省，唯獨母親不但多蒸一籠，用料也從不吝嗇。（參見〈搗糖糕〉一文）母親總說「只要去愛就好了，愛最簡單。」這句話幾乎建構了琦君價值觀的根柢。

在琦君的回憶中，父母都是這麼好的人，她敬仰孺慕著父母，一如父母對她無微不至的愛。

她深愛父母，卻也因父母痛苦煩憂。在外工作的父親總算回家了，但帶回了一個姨娘。年輕貌美的姨娘受過教育，房間裡有個大書櫃。她風姿綽約，打扮入時。琦君描寫姨娘梳妝的畫面：

（姨娘）洗完後，一個小丫頭在旁邊用一把粉紅色大羽毛扇輕輕地扇著，輕柔的髮絲飄散開來，飄得人起一股軟綿綿的感覺。父親坐在紫檀木榻床上，端著水煙筒噗噗地抽著，不時偏過頭來看她，眼裡全是笑。姨娘抹上三花牌髮油，香風四溢，然後坐正身子，對著鏡子盤上一個油光閃亮的愛司髻，我站在邊上都看呆了。

——琦君，〈髻〉

孩子的眼是最澄澈的，小小琦君也被姨娘的嫵媚震懾，更見母親的頹勢。琦君曾要求母親也如此打扮，但母親只沉著臉，說：「你媽是鄉下人，那兒配梳那種摩登的頭，戴那講究的耳環呢？」

讀到此，學生有些不平：「老師，琦君媽媽也太早放棄了吧！改造一下，說不定還有機會啊！」

我想了想，播放了一段《後宮甄嬛傳》中的劇情：

在專寵甄嬛多日後，為平衡後宮怒氣，皇帝偶然翻了齊妃的牌子。接獲皇上將到訪的消息，年老色衰、失寵已久的齊妃傻住了，驚喜之下險些摔了一跤。

「皇上大半年沒來我這了。」她又命人趕快為己梳妝更衣：「拿粉色的衣服來，皇上說過我穿粉色的好看。」

皇上偶然稱讚的一句話，齊妃深深的記在心裡。但盼來了半年未至的夫君，夫妻間卻毫無交集可談，齊妃小心翼翼地伺候皇帝，話題顛來倒去只能在兒子身上打轉。心念著甄嬛的皇帝很快沒了耐性，瞥眼見到齊妃身上的粉色衣服，滿是不順眼：「這身衣服不好看，下次別穿了。」

費心打扮沒想到招來的是厭棄，齊妃滿是惶恐，怯怯地道：「皇上，您以前最喜歡臣妾穿粉色。」

「粉色嬌嫩，你也不想想你幾歲了？」

話不投機，皇上坐立難安，轉身就走。留下滿臉悵然的齊妃。

半年的等待，換不到半小時的相聚。當年夫君的一句稱讚，她用半生牢記，卻抵不過青春歲月的流逝。

齊妃在《甄嬛傳》中並不是亮眼的存在，人老珠黃、心性愚鈍狹隘，她沒有甄嬛的慧黠多才，沒有華妃的嫵媚鮮麗，更不懂如何婉轉獻媚；但這麼一個平凡無奇的女子，或許更普遍的代表著一整個群體——那是群被丈夫視為「平庸」，不曾被放在心底的棄婦。

但這樣的女子，可能更幽微的展現了「女為己悅者容」的悲哀。一身不得體的粉衣，緣起於多年前夫君隨口一句的稱讚，卻是她放在心裡惦念著的記憶——如今卻成了夫君奚落的笑話。此後，戲劇中齊妃再無穿過粉色。

藉由齊妃，也許我們能稍稍推測，為何琦君母親早早放棄了打扮的念想，在這場爭寵戰役中提早棄甲投降。

在失去愛情的那刻起，這場仗早就輸了。

勉強自己去作毫無勝算的改變，還不如維持住最後保守的尊嚴。

從此，小琦君墊著矮凳替母親梳頭，在鏡中看到母親的茫然失神。走廊另一邊，不時飄來父親和姨娘琅琅的笑語聲。

最善良的人，卻也不自覺地做著最殘忍的事

父親是那樣謙謙溫潤的君子，卻也是傷害母親最嚴重的人。而母親，那麼溫暖慈愛的母親，也曾作出另一件錯事。

琦君的小說《橘子紅了》，改編自她家中的故事。書中的「伯父」娶了二姨娘多年而無子，最後，家鄉的正妻「伯母」以傳承香火的理由，又為丈夫討了第三房

姨娘，貧苦人家的女兒秀芬。

讓三姨娘入門，第一個理由是正房應為家族的香火延續，這是傳統賢妻的使命；第二也是伯母的私心，想用更青春的三姨太，挽回丈夫的心。

無奈，大伯的心還是牢牢繫在二姨太身上，最終，家裡只是多了一個更年輕的棄婦。

小說中，秀芬最後因流產而死。琦君說，這是她給秀芬最好的結局了，因為真實故事裡的「秀芬」，在父親死後被逐出家門，漂泊多年後相遇，「秀芬」對自己的半生淒涼，只淡淡說句：「我的墓早就築好了。」

小說所寫雖有改編，但大部分的故事原型，正是投射於琦君父母的真有其事。

小說裡，琦君極力描寫伯母對秀芬的善待呵護，就那個時代而言，能遇到這麼溫暖仁厚的大婦，對妾室來說已是幸事。我們無法挑出伯母的錯處，她真的善待了秀芬，卻也造就了秀芬一生無怨可訴的悲劇。

還是要怪大伯嗎？怪他的心之所系？還是怪他在那個時代下「傳宗接代」、「三妻四妾」的固有思維？

白先勇在〈棄婦吟：琦君的《橘子紅了》〉評論中說：「琦君的作品這些『好人』卻往往做了最殘酷最自私的事情來——這才是琦君作品中最驚人的地方。」

什麼是愛？什麼是恨？

〈孤味〉的最後，秀英終於見到了「那個女人」，蔡小姐。

秀英和情敵「蔡小姐」有了一番長談。在對方轉述丈夫言語中，聽到自己隱瞞多年的某件心事——秀英終於和丈夫、和情敵、也和自己多年的不甘和解。

告別式的早晨，秀英簽下了離婚協議書——遲了二十年的簽名，燒給那個早就離去的男人。

在這之前，她始終堅持丈夫遺像要放一張年輕時的照片；但到了告別式當天，她將遺像換成了最接近丈夫年紀的老態留影。

為什麼要換照片？

學生回答十分成熟：「秀英記憶中的是年輕時的丈夫，所以剛開始她堅持要放她記憶中的樣子。可是，丈夫早就離開她的生活了。陪伴丈夫晚年，參與丈夫人生的，一直都是蔡小姐。」

從籌辦喪禮開始，秀英北上去探訪丈夫生活的地方，試圖拼湊離家之後，丈夫那陌生的後半生。

如果記憶早就停止更新、生活早就再無交集，我們堅持愛著的、恨著的，到底是什麼？

是不甘？還是執著？

電影最後，秀英簽下了遲了半輩子的離婚協議，選擇放手。告別式現場，她將「未亡人」的位置，留給了蔡小姐。

在送走丈夫的最後一天，她選擇了成全。

「這樣小三不是贏了嗎？電影到最後還是要叫女人包容忍讓嗎！？」

當初電影上映時，網路上曾有一番論戰。有些網友對這樣的結局忿忿不平。

可是，請你試著緊緊握住拳頭——有沒有發現？握拳不但什麼都抓不住，指甲戳入掌心，痛的還是自己。

「人世間，什麼是愛，什麼是恨呢？」課文中，琦君拋出了一個大哉問。

我也想問一聲，人世間，什麼是贏？什麼是輸呢？

〈髻〉的最後，父親過世後，母親和姨娘反倒成了患難相依的伴侶。甚至在父母先後過世，戰亂飄零，來到台灣後，姨娘也成了琦君唯一的親人。

那個曾為了琦君喝了父親鮮奶而嚴厲訓斥，讓小琦君害怕不已的姨娘；那個挑剔牛奶溫度要跟她嘴唇皮一樣溫度，讓琦君心生不滿的姨娘，到了晚年，也稍改了過往積習，她將鮮奶留給琦君喝，還特意為琦君買了方糖，說比砂糖乾淨。（參見〈鮮牛奶〉一文）

在台灣的日式房屋的長廊裡，姨娘當年如雲青絲也只剩一小把絲絲白髮，最終骨灰也只寄存在寂寞寺院中。

「人世間，什麼是愛，什麼是恨呢？」

「這個世界，究竟有什麼是永久的，又有什麼是值得認真的呢？」

琦君淒然的提問，誰能給絕對答案呢？

〈孤味〉的最後，秀英和情敵「蔡小姐」有了一番長談。在對方轉述丈夫言語中，聽到自己隱瞞多年的某件心事，秀英終於和丈夫、和情敵、也和自己多年的不甘和解。

在通俗戲劇表現裡，反派的嘴臉總是清晰易見，但在真實人生中，太多冷暖自知的糾葛盤繞，誰能是絕對沒有犯錯的？

當我們從琦君多篇文章裡還原父親、母親、姨娘三人的形象，就會發現，無論他們做錯了什麼，琦君的筆觸都不見責備。

也許，這就是琦君的溫柔敦厚。她明白這些她所深愛的長輩都是好人，但都不是完人。

她更明白，每個人都有自己的地獄，那是他們一生的苦痛所在，也是一生需面對的課題。

文章的最後，看著老去的姨娘，琦君是感到「憐憫」。

因為懂得了，所以選擇慈悲。

下課了，老師仍有話要說

在和學生晤談、家訪的過程，我聽到很多痛徹心扉的家庭故事。

原生家庭無法選擇，親子間的裂痕也很難彌補。如果只用一句「他是你爸／媽，你還是要孝順啊！」搪塞，我始終認為這是最無效的安慰。

天下真的無不是的父母？我無法說出這樣的話。

誰天生會當父母呢？誰不也是在各種人生角色中跌跌撞撞、左支右絀呢？

甚至在講解這課時，我自己都數次觸動衷腸，要深呼吸幾次，強壓下哽咽才能繼續講課。

家庭間的傷痕始終存在，可是，也許我們可以試著一點一點的「理解」吧？

由此，我設計了此課最後一道問題：

請回家與父母訪談，詢問父母在「為人夫／妻」、「為人父／母」的社會責任中，是否有過無奈、甚至無助的經驗？請採訪紀錄他／她們的經驗、心情和領悟。

看到題目的當下，學生哇哇大叫，面有難色。

其實我也知道，台下好幾個孩子，已經很久不跟父母說話了。

下課後，有好幾個孩子私下找我，眼眶含淚：「老師，家裡的狀況我其實都知道——可是我真的不知道怎麼開口，怎麼去跟我媽說話。」

如果真的無法跨過開口這一關，就寫你所知道的、你一直隱藏的心情吧！就像琦君一樣，寫出這些故事，也是對自己情緒的一種梳理。

看著哭的淚漣漣的孩子們，我的眼角也酸了。

在課文講解時，總看到幾個孩子趴在桌上似乎在發呆；播放〈孤味〉時，也有孩子總是在算數學，似乎對電影不感興趣。

可下課對談我才知道，哭得最傷心的，正是上課時擺出武裝姿態的孩子。握拳的防衛姿態，其實只是要掩飾自己最脆弱的樣子。

過去幾屆也操作過這份作業，讓我印象深刻的是一個遲交的孩子，他說：「老師，對不起，前幾天遲交是我自己偷懶沒寫，但開始寫後，我真的很認真寫了很多。」

他寫出了一個真實的故事：偏心又勢利、難以相處的阿嬤，失智後只有父親願意接回照顧。

父親是那個最不受寵的孩子，但父親還是不顧家人反對，把阿嬤接回來了。阿嬤來了後，母親臉色很難看。他和哥哥也很不開心，因為他們都知道阿嬤當年對母親並不好。

為什麼父親要這麼傻？

孩子的文章中有些埋怨，但我想，這埋怨中也有心疼。

親愛的孩子，人世間的情感很複雜，有愛、有恨、有怨、有道義、有遺憾、有責任……

對妻兒來說，不顧你們感受，逕自接回阿嬤，他應該也知道你們的不滿。但也許，在「為人子」那一面，他終究有著對母親的道義、責任，遺憾，又或者，還有無法斬斷的孺慕之思。

又或者，很多的埋怨和怨懟，但在看到對方被歲月沖蝕的衰老頹敗時，會突然發現，我們沒有力氣、也沒有時間再去怨恨了。

就像〈孤味〉中秀英阿嬤最後唱的那首歌：

人生的味酸又甜，春夏秋冬隨風去，
清風目屎珠淚滴，花開花落攏有味。

天才悲歌——如果可以重來，我不想選李白

李白〈將進酒〉vs.〈王冠〉

「這次妳立了大功回來，我們在思考該給你什麼以示我們的感激之情？妳覺得功績動章如何？」

「妳那些功名利祿留給在乎的人吧！」面對動章獎勵她無動於衷，只誠懇的說：「請妳分擔一些責任給我……我沒事可做，沒有任務，這讓我很痛苦。」

對天才最痛苦的懲罰

〈王冠〉第三季，美國甘迺迪總統遇刺後，繼位的原副總統詹森，取消了原本對英國的金援。詹森態度強硬，拒絕會見英國大使，唯一肯見的，只有當時人在美國旅行的王妹瑪格麗特公主。

瑪格麗特公主，伊莉莎白女王唯一的妹妹。姊妹倆個性天差地別，姊姊堅忍、保守、內斂、一絲不苟；妹妹聰敏、浪漫、任性，放縱不羈。

比起已故的黛妃、或是近期鬧得滿城風雨的哈利王子，當年美麗又驕縱任性的瑪格麗特公主，可算是王室攻佔新聞頭條的話題先驅。

這次出訪美國之前，女王再三提醒妹妹不要率性而為，但瑪格麗特又怎會乖乖服從？她唱歌、跳舞，大開黃色笑話，不羈的放蕩慧黠反而擄獲詹森的欣賞，成功修復了英美關係。

凱旋回歸，瑪格麗特很得意，卻也很卑微。

她向女王證明了她的外交才華與能力，也懇切的哀求姐姐，多給她一些任務，不要讓她壯志難伸，虛度光陰。

對才華洋溢的人來說，最痛苦的不見得是貧窮，而是沒有任何舞台，剝奪了他表現的機會。

他們是那麼的才氣縱橫，那麼的聰慧敏銳，那麼的幽默迷人，他們率性自我，活的瀟灑不羈，活的風風火火；在人群中，他們是鶴立雞群的風雲人物，任何場子有他們，就有了讙謔恣意，氣氛一定是熱烈狂歡，人們為他瘋狂。

但諷刺的是，人們迷戀他們的才氣，卻又忌憚他們的光芒。

於是這些才子們坐困愁城，有志難伸，英雄無用武之地。只能更加放浪形骸，用縱情聲色麻痺「有才卻無天可補」的空虛。

痛飲度日的感慨

痛飲狂歌空度日，飛揚跋扈為誰雄。

快問快答說出一個古代最知名詩人，大家第一個喊出的名字，一定是「李白」。詩仙李白，謫仙人李白，浪漫派詩人代表，詩歌浪漫狂放，大開大闔，獨樹一幟。在後代無數歌詠的形象中，李白就是那個「劍、酒、月」的化身，繡口一吐就半個盛唐。

人生得意須盡歡，莫使金樽空對月。

這句話出自李白的名作〈將進酒〉。〈將進酒〉是李白最知名的勸酒歌。喝吧！

喝吧！人生苦短，面對良辰美景的得意時，更當浮一大白，才不負這花前月下。

天生我材必有用，千金散盡還復來！

多自信的口吻！多一擲千金的豪氣！這是李白對自我價值的肯定，更是一種不為金錢所奴役的豪爽！課本賞析都是這麼說的，歌頌著李白的狂放雄壯。連流行歌曲都有一首〈李白〉，歌手高唱「要是能重來，我要選李白」……

但，真的是這樣嗎？

讓我們看一下李白是怎麼說的吧！

古來聖賢皆寂寞，唯有飲者留其名。

何為聖？立德曰聖；何為賢，立功為賢。換句話說，聖賢，就是對社會有功，有價值之人。可聖賢是寂寞的，還不如當個飲者吧！

李白的這句話很值得注意。當我們說「當個 XXX 太累了，我只要當 OOO 就好了」的時候，表面看似認同後者的選項，但仔細品味，往往有種「退而求其次」、「明知不可為，而乾脆不為」的酸葡萄語氣。

歷史留名的飲者有哪些人？陶淵明、阮籍、劉伶……這些人都有個特質：他們嗜酒、縱酒，是因為生逢亂世，不願跟著隨波沉淪，卻又無機會施展抱負。酒，成了唯一的麻藥；酒鄉，是唯一的安樂鄉。

況且，李白還舉了一位飲者：

陳王昔時宴平樂，斗酒十千恣讙謔。

陳王是誰？就是曹植，那個才高八斗、七步成詩的曹子建。

曹植是出了名的大才子，丕、植兄弟爭繼承權，剛開始曹植一片形勢大好，曹操偏心愛子建，曹丕只有在旁哭的份。

但曹植也是出了名的縱情任性，《三國志．魏書》說他「任性而行，不自彫勵，飲酒不節」。曹操厲行後宮節儉，曹植的妻子卻著「綉衣」，高級華服穿好穿滿，跟上司老爸對著幹。

更別說他多次醉酒誤事，甚至酒駕夜闖司馬門。要知道，司馬門自秦代起就是皇帝專用的天子之門，只有天子或天子使者才能自司馬門出入。而此時獻帝仍在，曹操名義上仍是臣屬，又哪輪的到曹植大搖大擺的走司馬門？

植嘗乘車行馳道中，開司馬門出。太祖大怒，公車令坐死。由是重諸侯科禁，而植寵日衰。《三國志．魏書．曹植傳》

在繼承戰的牌桌上，曹植本來一手好牌，最終卻落得敗者為寇，被兄長苦苦相逼、軟禁終身的下場。不得不說，有很大部分他是輸在自己的個性上。

李白以曹植為例，嚮往曹植當年一場宴會「斗酒十千恣讙謔」的狂歡作樂。但有趣的是，李白和曹植又是如此的相似——天縱才華，縱情浪漫，有志難伸，懷才不遇。

在詩歌中提到陳王，李白是以此自喻的。他們本質上是同一種人，聰穎、率真、迷人、但又任性危險。

試想想，如果你是主管，你敢重用一個才華洋溢，但做事隨興所至，自負任性的下屬嗎？

曹操不敢傳位給多次喝酒誤事的曹植；玄宗也不會想重用一個整天喝得醉醺醺「天子呼來不上船，自稱臣是酒中仙」的李白。老闆叫你，還要等你酒醒？

平庸，不是沒有個性

同樣的，當任性出名的瑪格麗特公主提出要求後，在戲劇中，王夫菲利浦親王對女王如此分析溫莎家族成員：宛如一種神話動物雙頭鷹——溫莎家族向來都有「迷人的成員」和「沉悶的成員」。有一條血脈，從維多利亞女王、喬治五世、喬治六世到今日的伊莉莎白女王，是一脈相承的古板、枯燥和保守，但這條沉悶的血脈，卻也是盡責、可靠，英勇的承擔君王職責。

另一條血脈，迷人、聰慧、有個性，但危險——譬如說不愛江山愛美人的溫莎公爵（前愛德華八世），或是瑪格麗特公主。人民喜愛這條血脈的直率真情，迷戀他們的風采。但這樣的王室成員，也是負面新聞和八卦爆點的製造者。

她在華盛頓也許很成功，但認真的外交不能只靠喝酒跳舞達成，我們不能因為她偶然的運氣，就改寫規則。

是的，規則。

一個班級中常出現兩種類型的學生，一種多才多藝，活潑勇於表現。聰明很會抓重點，每次臨時抱佛腳也能有佳績；他可能隨便一句話就逗得全班大笑，老師上課總 CUE 他，無疑的是團體的焦點。

另一種平凡踏實，上課勤抄筆記，一步一腳印，不違規不鑽漏洞，但也沒有太突出的才藝、各科表現中規中矩，苦幹實幹、沉默實在——這樣的孩子在這幾波教改下很不吃香，我們的教改一直強調「適性揚才」、「多元學習」，強調孩子要展現自己的獨特性。但卻忘了，還有更多數的孩子，在這樣的審核制度下被打上「平庸」二字標籤。

但不跳脫放蕩，不代表他沒有個性；不出類拔萃，不見得是他不夠努力。這群孩子長大後，更多是社會的中堅分子，他們可能忠貞誠懇地為公司、家庭付出，卻因個人特色不夠鮮明而被視為無趣沉悶。

亂世，才見天才

我們期待天才，喜歡看天才打破框架、破壞規則；所以我們的漫畫戲劇、小說中充滿著這樣的主角，冒險大膽，突破自我。（看看哈利波特三人組吧，他們每集都在違反校規。）

但我們忘了，天才輩出的時代，往往也是亂世。諸子學說百花齊放，因為是春秋戰國亂世；三國英雄輩出，因為是亂世。

亂世中失序的無政府狀態，最適合天才縱情發揮；但當太平之世，各項制度平順運作時，天才型人物不按理出牌、屢屢打破規則的做法，反而容易成了亂源。

李白嚮往縱橫家巧舌如簧，以文采一步登天，而不願依照常規中規中矩的取得官場入門票。打破規矩是人們羨慕的一種「名士風度」，偶一為之讓人崇拜，長久為之卻是對自我和周圍的天真試探。最終官場容不下一個李白，他的光彩奪目是一種刺眼，他的張揚跋扈惹得「世人皆欲殺」。

當李白的〈將進酒〉嘆息人生苦短，聖賢寂寞的「萬古愁」時，他確實探得了千百年來，天才型人物於世難容的定理。

但李白看不穿的是，正是因為他個性中的飛揚跋扈，縱情任性，視一切規則為無物，才使得他跟整個社會不斷碰撞衝突，換得一身傷。

他或許懂詩文，但他沒有讀懂社會。

曹植、李白、瑪格麗特，他們最後只能又躲入詩酒中，用縱情聲色麻痺自我。然後世人更加讀不懂他們囂張跋扈後的空虛，看不穿他們放浪形骸下的痛苦。

影片的最後，失落的瑪格麗特回到自家，坐在化妝檯前卸妝。最後一幕的她，眼神空洞落寞，但已沒有淚水。

我想像著，縱飲狂歡三百杯，五花馬千金裘都典當換酒的李白，在第二天酒醒之後，一身的酒氣，滿地的酒器穢物，他的眼神，是否也是空洞寂寥，滿是落寞？

但願長醉不願醒。

醒時太痛苦，因為這世界對他太殘忍。

「天生我材必有用」這句話在十五歲時講，是積極進取；但李白寫這句詩時，已是個年過五十的老人了。

年過半百，還在提醒自己「必有用」，這已不是積極進取。是否只是半生迷惘，仍未找到自身價值的寬慰之詞罷了？

我們嚮往天才，但我不希望自己的學生成為李白。恃才傲物、堅持逆風飛行的結果，就須有勇氣承擔不被認可的寂寞。不能讀懂社會的世情，不能認清自身個性中的缺陷，只剩下滿肚子的憤世嫉俗，這是天才的悲哀。

我們不喜平凡，但平凡踏實，也可能是一種溫和蘊藉的真實力量。就如保守穩重、但盡忠職守的伊麗莎白女王，執政七十年，九十六歲高齡依舊執行公務。無論王室其他成員怎麼荒腔走板，女王依舊憑著她的忠誠得到人民愛戴。

林徽音、陸小曼的才情美貌如詩如畫，但如山脈般堅忍踏實的張幼儀著實令人敬佩。

孫悟空能力強、豬八戒是開心果，但一個只有孫悟空、豬八戒的團隊不可能成功到達西天。當悟空脫隊、八戒擺爛時，白馬、沙悟淨的沉穩堅忍，才是團隊的穩定力量。

天才 VS 中堅

天才或許開創了一個文明的黃金時期，但文明社會的穩定秩序，卻有賴一群沉穩踏實的中堅分子。

才華是一時，而堅忍是一世。

天才或是平凡，這是兩種生命型態，沒有對錯。李白確實開創了中國詩詞歌的黃金巔峰，這是他不可抹滅的璀璨成就。

但在課文不斷地歌頌禮拜之下，我更想用別的角度切入，讀李白真正的痛苦與困境。

無論你是屬於哪一種人，看清自己的定位，不貢高我慢，不妄自菲薄，才能真正達到「知命」的內心安泰，不怨不尤，而不是在晚年，依舊徒呼負負，大嘆「萬古愁」。

歌手李榮浩大唱「如果能重來，我要選李白」；而我說，如果真能重來——我

第2篇

好想跟孩子說的話

狂歡是一群人的孤單

王羲之〈蘭亭集序〉與皮克斯動畫〈天外奇蹟〉

已故歌手阿桑的代表作〈葉子〉，曾是熱門偶像劇的片尾曲，當時大一時的我，最喜歡和室友在寢室裡重複播放這首歌。其中有句歌詞：

「孤單是一個人的狂歡／狂歡是一群人的孤單」

這句歌詞讓我們這群女孩再三咀嚼，心有戚戚。轉眼間我已三十好幾，手持教鞭，歌手阿桑也已離世多年。講台下的年輕孩子早不知道誰是阿桑，也沒有聽過此歌。但當我無意間提到這句歌詞時，我看到孩子被觸動的眼神。

「你曾經有過這種感覺嗎？」我說道：「明明一群人玩的正熱鬧，你卻突然感到一種惆悵和孤單，好像獨自站在荒原中，旁邊人的吵鬧都像戴著耳塞聽聲音，有點不真實的感覺。」

我請有過相似經驗的孩子舉起手，沒想到，這個熱鬧活潑的班級，舉起的手竟不少。

狂歡，是一群人的孤單；而〈蘭亭集序〉，便是記錄這樣心情的一篇作品。

王羲之，大概就是整場活動中那個最「不合時宜」的人吧？

在活動最高潮，他被眾人拱出為今日盛會做結語時，這位大方「坦腹東床」做自己的老兄，清了清喉嚨，大聲道：

「今天活動很精采，但其實我呢，看大家聚在這邊，越想越傷心。」

啊？

學生笑了：「老師，這很白目。」

對，但我們常說的白目，其實是因為他說出了大家不想面對的真實。

這真的是我可以作主的嗎

東晉穆帝永和九年（西元三五三年），王羲之與名士孫統、孫綽、謝安、支遁等四十一人在會稽山的蘭亭修禊（古人習慣在農曆三月三日到水邊洗滌，袚除不祥），面對山水好景，這群人喝酒作詩三十七首，結纂為《蘭亭集》，由年過半百的王羲之為此作序。

這是〈蘭亭集序〉的背景，王羲之也在第一段寫得很清楚。

是日也，天朗氣清，惠風和暢；仰觀宇宙之大，俯察品類之盛；所以遊目騁懷，足以極視聽之娛，信可樂也。

修禊活動對古人來說，是闔家同遊的走春活動。寒冬之後春暖花開，親友齊聚共賞春景，確實是一樂事，值得一寫。

「老師，古人怎麼什麼事都要寫文章？」一個孩子露出苦瓜相。

我笑了，先不回答，換一個問題：以下兩種生活型態讓你選擇，你比較喜歡哪種？

你嚮往的生活是背包客走遍天下，行遍世界各地，挑戰極地沙漠、叢林滑行、高空彈跳等各種極限嘗試，嚮往這種冒險生活的請舉手。

才問完，幾個平日頗有瀟灑姿態的同學舉起了手。

你嚮往的是一個溫馨小窩，平靜安詳的與家人相守，兩隻貓、一盅茶、一本書，就是你最寧靜舒適的好時光？

幾個溫柔沉靜的學生舉起了手。

是的，每個人對於生命憧憬的嚮往皆有所不同，這不正是王羲之說的「趣舍萬殊，靜躁不同」嗎？

但無論你選擇的是什麼，快樂的時光總是特別的短暫。

短暫到你的電玩時間總是一眨眼就過了三個小時；短暫到你的學生時代瞬間就過了一半；短暫到你畢生所愛、白首共度的那個人先離你而去。

也因此，王羲之面對著良辰美景，下一段情緒陡轉直下，突然變得萬分感慨：

當其欣於所遇，暫得於己，快然自足，不知老之將至。及其所之既倦，情隨事遷，感慨係之矣。

人們沉醉在喜歡的事物中，欣然忘我，甚至忘記了歲月匆匆，老之將至。待得厭倦了、感情變了，不禁感慨一切都變了。

為此，王羲之不禁感傷。

覺得王羲之很情緒化嗎？我們先跳開課文，看一小段動畫吧：

卡爾和艾莉自幼相識，青梅竹馬終成眷屬，他們彼此相伴，度過了人生每一個春夏秋冬。

他們只有一棟小屋，沒有太闊綽的物質生活。

每天艾莉一定幫卡爾打上領帶，讓他體面整齊地出門工作；

擦窗時小夫妻各站窗戶裡外，隔著玻璃相視微笑；

假日時二人各自盤踞在沙發上閱讀，手還不忘相牽相執。

幸福的畫面持續切換，多了白髮和皺紋的卡爾和艾莉依舊相愛，直到艾莉某一天突然倒下。

衰老病痛來的這麼殘忍，帶走了艾莉，留下卡爾一人孤獨坐在告別式的會場。

接下來的日子，

卡爾每早顫巍巍地起身梳洗、下樓；

一個人吃飯，

一個人擦窗，

一個人繫上領結，

一個人坐在陽台上，看著四週房屋在都更下全部拆遷，

只剩下他和艾莉曾經共有的那棟小屋，

成了整個城市最礙眼的釘子戶，最破舊最該淘汰的遺跡。

這是皮克斯的經典動畫〈up 天外奇蹟〉開頭的四分鐘。四分鐘的動畫，卻足以讓人為之大哭。

卡爾前半生的幸福美滿，只佔據了整部電影的前四分鐘。剩下的孤獨缺憾才是真正漫長的主戲。

這樣也許我們比較能懂王羲之的痛苦——他說「當其欣之所欲，暫得於己，不知老之將至」：人們總是這麼樂觀，以為這些可以長長久久的相守。

可是咱們《傾城之戀》的浪子男主角范柳原說的好，他說：

「可是我們偏要說：『我永遠和你在一起；我們一生一世都別離開。』——好像我們自己做得了主似的！」

——張愛玲《傾城之戀》

就算感情堅貞如卡爾艾莉好了，但我們別忘了，還有一個大敵遲早出現：

「況脩短隨化，終期將近。」

用網路名言來說：時間是一把殺豬刀，殺得一切面目全非。

原本喜歡的事物在新鮮勁過了，可能也就沒那麼喜歡了。

原本很要好的朋友，隨著你人生階段的改變，可能慢慢沒那麼熱絡了。

原本充滿熱情的工作、婚姻、生活，久了也變得乏味無趣……「所之既倦，情隨事遷，感慨係之矣。」更何況是「向之所欣，俯仰之間，已為陳跡」呢？

影片的最後，我們看到的卡爾，在失去艾莉之後，整棟房子都「已為陳跡」。

其實不用死別，光是看看眼前的景象吧！高中每年換教室，舊的教室就已是回不去的陳跡；分手後故地重遊，曾有過的甜蜜「已為陳跡」；孩子長大了留下空巢的父母，當年哺育幾個小鬼頭的屋子突然間空蕩的讓人陌生……

在這時刻過後，我的世界瞬間都成了遺跡。

古人云：「死生亦大矣。」豈不痛哉！

所以王羲之在狂歡中感到孤獨，因為他深刻預測到，無常才是最後的句點。尤其他所生長的東晉，更是動盪不安、戰禍連年的亂世，那種惶惶不確定感，戰火下倖存者的冷漠與愧疚，張愛玲在回憶香港戰時的散文〈餘燼錄〉中也有相似體悟：

房子可以毀掉，錢轉眼可以成廢紙，人可以死，自己更是朝不保暮。像唐詩上的「凄凄去親愛，泛泛人煙霧」，可是那到底不像這裡的無牽無掛的虛空與絕望。人們受不了這個，急於攀住一點踏實的東西。

——張愛玲〈餘燼錄〉

所以人們迫切尋找某種能超脫無常的寄託，亂世中更是如此。二戰後西方年輕人崇尚嬉皮文化，而魏晉時期人們流行「清談」，試圖藉由老莊清靜之學沖淡痛苦。

老莊從宏觀視角解釋生死，但，誰都知道生死是自然循環，可真正能無情達觀的又有幾人？

王羲之忍不住抱怨：「固知一死生為虛誕，齊彭殤為妄作。」

莊子叫大家把生死看作是相同的，把長壽和短命看作同等——哪有這麼簡單！？

莊子說得很簡單，但臣妾我就是做不到啊！

平凡如我輩，情之所鍾，才知平日讀的老莊實非我輩可達之境。

那麼，難道這世間只有不斷的聚散？在人走茶涼之後，什麼都不會留下？

若離散為必然，我們能留下什麼？

一九九七年，歌手張雨生車禍驟逝，成為華語歌壇永遠的傳奇與遺憾。

同年，他的遺作〈口是心非〉獲得金曲獎最佳專輯獎的殊榮，由張爸爸上台代領。

二〇一七年，金曲獎頒給張雨生「特殊貢獻獎」，由雨生昔日學生張惠妹獻唱、昔日好友陶晶瑩擔任引言人。

誠如雨生留下的一段錄音所述：

我會堅持下去，很多人都在堅持著，狀況與變數終會過去，我有作品會留下來，那些靈光閃動瞬間的驚喜，會不斷帶給後繼的人希望。

現在，也許我可以這麼回覆學生在一開始提出的問題：「不是古人什麼時候都愛寫文章，而是——因為他寫了，所以你才知道宇宙間曾有過他的存在。」

皮克斯動畫〈可可夜總會〉以墨西哥亡靈節為主題，傳達一個觀念：

只要世間還有人記著你，你就不是真正死亡。

同樣的，王羲之「列敘時人，錄其所述」，因為他深信，今日蘭亭一聚，應能流傳於世；曹丕強調「文章乃不朽之盛事」，至少可以用筆墨在歲月刻下痕跡。

你呢？如果是你，你要用什麼代表自己，為你的人生打卡註記？

下課了，老師還有話想說

二〇一〇年，英國的 Jon Underwood 舉辦了「死亡咖啡館」的活動。他邀請了幾位親朋好友，以輕鬆、自然的方式，聚在一起聊生死。參加的親友們毫無禁忌，沒有避諱，用一種坦然、正面的態度談論有關生命和死亡的話題。自此，這樣的理念開始獲得世界各地人們的響應，至今全球已有三十三個國家共舉辦二千八百多場。

二〇一四年，臺灣也引進了死亡咖啡館的活動，舉辦生前告別式，讓人事前安排好想要告別的方式，擬定好遺囑，避免那天到來時太過倉皇狼狽。

二〇一五年，臺灣通過《病人自主權利法》，只要年滿二十歲，無論健康或患病與否，經過與家人、醫師充份溝通，就可以預立醫療自主計畫（Advance Care Planning, ACP），註記在健保卡上。當那一天到來時，醫師可依照病人決定，終止、撤除或不施行維持生命治療或灌食等無謂、無效的醫療介入行為，維護末期病人的尊嚴。

過去我們的傳統十分忌諱談論死亡，但隨著國內觀念慢慢改變，我們慢慢理解到：「學習死亡，是為了好好活著。」

我們，慢慢練習著如何說再見。

於是，配合這次蘭亭集序，各位讀者，我們的回家作業，就是——「我的生前遺囑」。

請你檢視你目前為止的十七歲人生，並思考以下問題：

Q1：你想用什麼方式告別？樹葬、火葬、海葬、太空葬？

Q2：你最珍貴、最能代表你的事物是什麼？你要怎麼分配你的遺產？分配給哪些人？（請注意，遺產不一定是你的存摺金額）

Q3：如果要有個墓誌銘，你想刻哪一句，作為你人生的歸納總結？

人生有四道最難：道謝、道愛、道歉、道別，在寫這一篇「生前遺囑」前，我希望各位讀者，可以一一檢視這「四道」，有什麼你想說的，不敢說的、說不出口的，到最後一刻，也許都該說給那個人聽。

孩子，為你，千千萬萬遍

諸葛亮〈出師表〉vs. 影劇〈軍師聯盟〉

剝去孔明的巫師袍

小時候看《三國演義》電視劇，對我庸俗的少女心來說，總希望前段群雄逐鹿、劉備到處漂泊的段落可以快轉。對我來說，看三國是為了趙雲孔明才看的。好不容易熬到唐國強飾演的孔明初次登場時，我的少女心中滿是對「神仙哥哥」的讚嘆。

孔明登場後，一切突然精采起來了。他氣定神閒的搖搖羽扇，劉備打了勝仗，一轉喪家之犬的頹勢。看到神機妙算的孔明就像服了定心丸——你會知道，有他在，主角群一定會逢凶化吉。

後來我才明白，羅貫中你騙我！

神機妙算大軍師的原型

《三國演義》是以歷史為基礎的的通俗小說，而通俗作品，經常會有一個劇情「套路」。神話學者喬瑟夫·坎貝爾（Joshph Campbell）名作《千面英雄》，在研究各地域民族的神話之後，指出在英雄成就的路上，往往會出現以下幾種角色：

英雄	故事主角，通常是正派角色，在故事中會以「冒險—成長—取得寶藏」的公式演進，直到最後成功被視為英雄。

盟友	英雄的夥伴群，協助英雄解決困難，也可擔任全書甘草人物。
智者	協助、教導、指引英雄方向並協助成長的老師
阻礙者	英雄在冒險中遇到的阻礙，通常會成為英雄必須跨越的高牆。

細觀《三國演義》以蜀為中心的劇情發展下，某個程度上也帶著「無名小卒成為一代英雄」的套路形式。故事最開始的主角是劉備，從草鞋小子起家，憑著信念（譬如說仁義或是興復漢室）慢慢聚集夥伴，過程中碰到董卓、呂布、袁紹等各種對手，也遇到最大阻礙者——與他煮酒論英雄的曹操。更因多次失敗使劉備意識到弱點——他這個小團體武力值點爆表卻缺乏一張智力卡——進而修練補足，三顧茅廬請來孔明這位智多星，一口氣將智力點數補好補滿。

充滿信念的主角（劉備）、有情有義的協助者（關張趙等人）、冷靜謀略的智者（孔明），蜀國冒險小隊正式成行，準備挑戰問鼎中原大陸這任務。

但有趣的是，按照一般英雄小說的套路，劉備應該走向最終稱王之路。可惜《三國演義》是本歷史小說——正史成了擋在劉備等人面前的最大障蔽。這支隊伍在後期發生巨變——劉關張三兄弟的先後逝世，讓整支隊伍只剩下智者孔明獨撐大局。

後期的小說發展，羅貫中只能被迫讓孔明承擔起領袖、武力輸出和智者參謀三合一的完美形象，也導致孔明更加無所不能——「孔明智似妖」的評價點出了孔明太過強化的智者能力，唯一能讓他輸的，只剩那冥冥不可測的「天命」。

無論是圓桌武士中的梅林巫師，還是東方智者如孔明、劉伯溫、姜子牙……在各種作品中，這些智者們無所不能，只待一遇明主便能呼風喚雨，如遇困難則通常敗於「天命」二字，這悲劇強化了孔明「明知天數仍要奮力一搏」的壯烈，卻忽略了真實中人之所珍貴的，在於面對浩瀚不可掌握的未來，仍盡其在我、只求無愧我心的真誠與執著。

在剝去孔明「智者原型」的巫師法袍後，識清真實歷史中的孔明：那個謹慎、重法、「治戎為長，奇謀為短」的丞相孔明，我們才能真正接近〈出師表〉中，畢生謹慎的老人，在出征前終於壓抑不了的情感。

諸葛亮說不出口的愛——為你，千千萬萬遍

在進入〈出師表〉前，有一個可琢磨處，在於這封「情書」的收信者——後主劉禪。

為了營造出孔明神鬼莫測的形象，羅貫中大筆一揮，眾多英才集體淪為配角，周瑜、魯肅暫且不提，後主劉禪——那個「扶不起的阿斗」，恐怕更是被「抹黑」後的最大受害者。在諸多改編三國的戲劇、電玩中，劉禪清一色被塑造成肥胖愚痴，或是幼稚軟弱的丑角，而被俘後那句「樂不思蜀」更成了最大汙點——

但，劉禪當真如此無能嗎？

事實上，劉備白帝城託孤時，劉禪大約十七歲。孔明上〈出師表〉時，阿斗大約二十三歲。直至相父病逝五丈原，劉禪二十九歲，在此之前朝政一直掌握在孔明

手上。若說孔明事事親力親為，是因為劉禪的軟弱無能，或許我們可在諸葛亮死後，後主親政的各項措施，一觀失去相父後，阿斗是否如此「扶不起」。

孔明死後，劉禪接受孔明遺命，任用蔣琬、費禕、董允等能臣。但劉禪廢除丞相制，將相權文武分離，使蔣、費、董等人交錯執掌軍、政大權，不再有先前獨攬全權的狀況發生，成功收回君權親政。

其次，諸葛亮死後，劉禪立刻放棄北伐，與民休生養息。但邊防並未因此鬆動，中期的興勢之戰大敗曹爽，甚至間接導致曹魏空虛，被司馬氏乘隙所篡。在後主親政後長達二十九年，蜀漢其實皆能維持穩定政局，直至最後十年才因惑於宦官黃皓、無法整合派系等問題，降於司馬氏政權。

而有名的「樂不思蜀」——讓我們試想一下吧！身為階下囚，當司馬昭故意試探時，你該怎麼回答？是哭哭啼啼的表達思念故國之情？還是明哲保身裝傻裝無能？（別忘了，哭哭啼啼不忘故國的李後主，最後下場就是賜死。）

這麼一看，後主雖然說不上是英明少主，但也絕非昏庸愚昧。當我們理解了劉禪並非戲劇演出那麼幼稚柔弱時，恐怕更能理解孔明在〈出師表〉中的複雜情感：如父子、如師生、卻又不敢行差踏錯，有違君臣分際的步履維艱。

要十六歲的高中生一下子理解老相父的情感恐怕有些困難，所以我建議以影片做為輔助。近年陸劇〈軍師聯盟．虎嘯龍吟〉中，由王洛勇飾演的孔明，細膩展現孔明的謹慎壓抑，但眼神中又難掩對少主的期待、勉勵的父親關愛，是非常動人的演出。其中有兩段演出，我推薦於課堂播放。

虎嘯龍吟第6集

首先播放的是虎嘯龍吟第6集。這段演出最接近本課寫作背景：正是孔明首次出師之際。先不論這段演出中阿斗過度的浮誇幼稚，但編劇設計了一個橋段，倒是課堂上可與學生討論之處：

出師時阿斗向孔明敬酒，但酒器卻端上了「巨鬯」——巨鬯又名秬鬯，是一種以郁金草和黑黍釀製的酒，用來祭天神地祇，非天子不得用的酒。

孔明愣住了，旁邊將士也是一臉疑惑。

到底，阿斗是真傻不懂巨鬯的象徵意義？還是假傻在試探諸葛亮？

對比我們先前對劉禪歷史形象的更正，當軍政皆握於諸葛亮之手，實際上可能並不愚笨的劉禪，難道對這位相父當真沒有半點忌憚？而這一幕演出，同時也讓學生清楚看到諸葛亮尷尬的位置：如父、如師，但他同時依舊是臣。

我們回來再讀課文，「先帝」、「臣」聲聲呼喚，謙詞多次的使用，句句皆是老臣深意。往前一步就是下一個曹操司馬懿，往後一步太過謙抑，他又不足以撐起整個國家並扶植後主。

第二段演出，是北伐屢次失敗之後：

虎嘯龍吟第17集

在第五次出師失敗後，戲劇中有一段孔明獨自祭奠先主的獨白：

主公，亮錯了嗎？

十年了，我五次興兵，耗盡益州財力，

隴上多戰死之骨，田間皆思親之婦

亮輔佐主公起兵之時，為的是太平、是一統啊！

誰又能料到，竟然事與願違至此！

然而大漢偏安，若不收復長安，遲早為魏所併吞，亮日日夜夜，未敢一日鬆懈。

主公啊，您告訴亮，何為對？何為錯？

諸葛亮滿面是淚，對著先主靈位深深下拜。

這邊鏡頭一個切換，再次抬頭的孔明已是三年後，白髮蒼蒼，老態垂矣。

他向先主靈位深深一拜，這次第六次出師。

這是他人生最後一次出師，而他的步伐已略顯蹣跚了。劇裡給他一個長鏡頭，垂垂老矣的孔明走在一條漫長小徑上，一步一步，銀鬚冉冉，長袍隨風飄揚，孤獨而堅定走在荒山野嶺中。

千山我獨行，路迢迢兮而修遠。他在堅持些什麼？接連五次的出兵失敗，難道孔明真的不曾疑惑過？

緊接著，戲劇拍的是第六次出師。年老的孔明出師前望著風中飄盪的大旗，「克復中原」四字，那是他對先主一生的承諾。

這次，能完成這項承諾嗎？

這一次的出師，後主哭了，相較於上一次的作態，明顯可看出後主這次有更多的不捨——看著眼前這位老人又要出征，後主突然上前抱住了相父。

這一段演員的經營十分精采，老相父的眼神中帶著慈愛，猶豫了會，終於伸手回抱住眼前這個長不大的孩子。但眼角餘光飄見空中克復中原的大旗，畢生謹慎的老人意識到自己失態，堅定的推開君王，再次執臣禮深深下拜。

從戲劇演出回到本文，也許我們更能品味出孔明委婉的父親關懷。沒錯，他是個謹慎再謹慎的人，整篇〈出師表〉，我們看到一位老人不斷的嘮叨，一如我們的家人。但即使他對這位少主有很多的擔心和失望，即使孩子好像總達不到他的期許，但他依舊願意為孩子擋下風風雨雨。

每天奔波，只為你。

千千萬萬遍，只為你。

但他是那麼不擅長表現他的情感，二十年前的知遇之恩，如今人生過半，過去一起打拚的戰友多已凋零。他一人苦苦支撐，只為了當年那群人的共同夢想。他常常提起當年，因為那是他準備一展鴻圖、意氣昂揚的時光。他看著你彷彿看到當年那個懂他的人，那個「猥自枉屈三顧茅廬」的人。

遂許先帝以驅馳，夙夜憂勤，恐託付不效，以傷先帝之明。

父母那輩的故事我們不見得懂，但他們開始講古時有時總讓人不耐。

但我們也許可以換個角度想，上一代人心心念念想著的「當年」，也許是他人生最好的時光。備課用書在第四段的段落大意只寫了「自敘生平」，但我們仔細深思，孔明敘述的，恐怕是他最珍貴的回憶。

那一年，南陽躬耕，與那位明主的相遇，他們看到了相同的夢想。

整篇〈出師表〉的眼淚，哭的是老人對曾經輝煌年歲的回憶，是僅存下來的人必須完成的信念，是對故人之子的勸勉提攜與期許，更是對那個人——當年那個對不到三十、名不見經傳的年輕人全然信任，在茅廬中邀他共執天下的誠懇，最忠誠的感念與回報。

這樣的情感，劉禪懂得嗎？

人與人的情感是如此複雜，以致諸葛亮死後，劉禪的反應與作為也成了後世學者爭論之處。諸葛亮死後，劉禪二次拒絕民眾為其立廟祭祀的要求。有些學者認為，這是後主對相父獨掌大權的不滿。

但相較於歷史各朝親政後少年天子，劉禪對諸葛亮的尊敬顯然依舊：他沿用丞相舊人，諸葛亮遺命推薦的臣子，劉禪並未將其視作黨羽加以剪除，反而繼續遵從丞相遺命。

其次，將軍李邈在諸葛亮死後上疏，指稱諸葛亮「身仗強兵，狼顧虎視」，被劉禪誅殺。對諸葛亮之子諸葛瞻，後主也禮遇厚待。諸葛瞻十七歲成為駙馬，往後一路升遷，直到最後諸葛瞻殉國而死，後主始終厚待諸葛家後人。

相較於其他親政後就對顧命大臣大加清算的皇帝，劉禪對諸葛亮的感念之情，可能是中國歷朝間少見的君臣情感——他們彼此之間也許有著失望、也有敬畏，有意見不合，但更多的是相互尊重、關懷，如親人般不可抹滅的情感。

回歸真實史事，也許我們才能在平凡中見其不平凡的偉大。

成就孔明的，不是他的足智多謀、神機妙算，而是他不輕易承諾的謹慎，一旦承諾便鞠躬盡瘁的忠貞，是他的賢，更是他的「忠」——為了那句承諾，千千萬萬遍，終不後悔。

而當我們將英雄剝去光環，回歸到一般人的身分，我們才能從較公正的角度思考，當下如果是「我」，「我」該如何抉擇？「我」是否會做得更好？

太多歷史人物被民間傳說扭曲面目，只有將外在濃妝卸去後，孔明不再神機妙算、劉禪不完全愚昧無知、或是唐伯虎不再風流倜儻……我們才能盡量體會他們在每一個人生抉擇上的不易，為此抉擇而勢必承擔的風險和犧牲，以及他們對自我的價值信念的堅持。

理解了這些，這些被傳唱千古的歷史人物才不再只是一個文化代號，他們不完美、他們會犯錯，他們的人生坑坑洞洞可能比我們還要坎坷難行——但正因為他們是活生生有血有肉的人，他們的生命歷程之於我們，才更有借鑑的珍貴價值。

給敵人看你的優雅起身

——醉翁亭記

在我任教的學校，高一下通常是社團幹部交接的時候，進入高二下升學作戰前夕的學長姐交棒給下屆幹部，退到幕後轉為諮詢。所以，高一下學期，恰好是高一生承接社團重責的關鍵時刻。

如果你參加的是熱門大社，社團行之有年，例行事務早有架構，你可能不用擔心社團評鑑，但卻需要應付社團人多嘴雜的複雜事務。

可如果你參加的正好是冷門社團，社團評鑑屢屢低飛，前景黯淡。社員缺乏向心力，每次來社團都只是打發時間……

更慘的是，你可能還不是志願來這社團的，因為熱門的擠不進去，你可能是被分發系統隨便分發進來的……

因為種種緣故，這個鳥不生蛋的社團你甩不掉走不開，這回還成了社長，你該怎麼辦？

擺爛？

還是全力一拚？

慶曆五年，歐陽脩大概就是這種感覺吧？他被趕出熱門社團（京官），委委屈屈的被貶謫到滁州這個冷灶，班上還有討厭鬼（政敵）卡住了八校聯誼總召這種風頭，耀武揚威的只等著看他笑話。

如果是你，你會怎麼辦？

班上一個安靜的孩子，小聲說道：「認真拚給他看。」

是的，就是這樣的志氣。

當別人等著看你摔倒看你哭時，就越要姿態優雅地站起來。

〈醉翁亭記〉，就是這麼一個優雅的實力起身。

太早出現的貶謫文學

貶謫文學一直是國文教學上的大難關，先別說高中生對古時官場整人花招「貶謫」到底有沒有清楚認知，這群中年大叔的失意人生要十六歲孩子同理，未免也太強人所難。

就我個人而言，總覺得貶謫文學中最難教的莫屬〈岳陽樓記〉和〈醉翁亭記〉，這兩篇出現的太早，高一就會接觸到。

可高一的孩子半大不小（甚至我還覺得每屆心智年齡都越來越小），范大叔、歐陽大叔的中年職場危機，那種明明「叔叔心裡苦但叔叔不說」的幽微心境更是百轉千迴了好幾層，你叫十六歲的孩子怎麼和叔叔們同步呀？

可是，小高一真的沒有和歐陽大叔相似的經驗嗎？

上到這課時，學校的第一次社團活動大概都已完成。

作為冷門社團幹部的你，可能會碰到以下幾個問題：社團資金不夠、團員冷漠不回應、活動冷場氣氛難炒熱……

有時候，第一堂的社團，經常是新任幹部的挫敗首役。

那讓我們看看，剛辦完一場滁州聯歡活動的歐陽脩，他的經驗有沒有什麼可取之處吧！

接下來，我採用小組分組的方式，讓同學翻課文找出歐陽脩舉辦的聯歡活動，有哪些成功的條件。

經過一番討論後，同學找出以下幾點：

1. 臨谿而魚，釀泉為酒，山肴野蔌——善用在地資源，食材產地直送，而且便宜可壓低成本；

2. 宴酣之樂，非絲非竹，射者中，弈者勝——活動雅俗皆宜，遊戲規則簡單親民，適合全民參與；

3. 傴僂提攜，往來而不絕——瑯琊山應該不難爬，所以沒有年齡限制，老人小孩都可參加；

好極了，從中我們已經看到活動過程中的成功要點，恭喜各位太守們已經辦好第一場成功的社團活動。但可別以為到此就已大功告成，你還有最後一個句點需要完成——

「場復。」活動長舉手回答，果然有經驗。

歐陽大叔是如何描述他的場復狀態的？

樹林陰翳，鳴聲上下，遊人去而禽鳥樂也。

人群散去後又還給林鳥一個安靜快樂的環境，看來這場滁州遊山趴結束，並未造成環境負擔。

至此，作為整場活動的最高負責人，終於可以鬆了口氣。

禽鳥知山林之樂，而不知人之樂；人知從太守遊而樂，而不知太守之樂其樂也。

活動過程熱鬧全社盡歡、活動離去時社員們面露歡喜，借用的場地恢復的乾淨整齊。

至此，你心中的歡喜，無人能懂。

他們可能不知道你為這場活動布置了多久、構思了多久，不知道你平靜無憂的表面下，其實鴨子划水拚盡全力。

就如那個頹然醉倒的歐陽大叔，世人看他是酒量不佳又愛喝的大叔，卻不知，真正讓他怡然酣醉的，是今日與會百姓每個人臉上的笑靨。

孩子們，這才是真正的醉翁之意啊！

歐陽脩的快樂，從一二段自己遊山玩水的「獨樂」，擴及到滁州上下百姓與太守一同出遊的「眾樂」，試問，如果你各項政績都沒做好，百姓民生並未顧好，除非是鋼鐵歐粉，誰有興致跟著太守一起出遊？

歐陽脩接手了一個冷門不被看好的社團（滁州），但現在歐陽脩笑了，那是在繳出漂亮的政績成績單後，充滿成就感的快樂。

不被看好的燈會

宋朝的滁州趴，距離離我們太遙遠了，但在二〇一九年，屏東也成功完成一場叫好叫座的全民趴替。

二〇一九年台灣燈會，輪到屏東掌印。在此之前，屏東從未有辦過燈會的經驗。

位置、交通、資源相較其他縣市都更有限，起初並不被外界看好。但最終結果卻令人刮目相看：總計十七天的燈會，累積了一千三百三十九萬人次入園，甚至還有人來了七次。「我屏東，我驕傲」成了網路一時熱門標籤。

屏東怎麼做到的？

我先播放屏東燈會的回顧影片，讓沒有去過的學生腦海裡先有個畫面；接著全班閱讀今周刊〈三大改變接地氣，邊陲屏東的吸睛術〉一文，請小組合作找出屏東燈會和醉翁滁州趴的共同成功元素。

學生認為：

1. 屏東善用在地文化和資源，黑鮪魚的意象主燈、用蚵殼做成的海洋女神，都是在地資源運用，就像〈醉翁亭記〉裡使用在地食材。

2. 會場細心設置無障礙空間和足夠的流動廁所，會場每張椅子都有五十公分，

適合老人家起坐。（傴僂提攜，往來不絕）

3. 會場原有的上萬棵樹木都丈量出來，一棵未砍。永續經營的舞台和造景設計，盡量減輕環境負擔。（遊人去而禽鳥樂也）

4. 這場燈會出動了屏東上萬名公務員、鄉親志工的熱情相挺，眾人踴躍參與付出。（滁州人民與太守同樂）

還有，在報導當中提到，有記者問縣長，會場裡最愛哪盞燈？縣長說，他最愛的是燈區裡一道道肉眼看不到的光，在燈區裡，在這十七天裡，台灣人的溫暖、善良、勤奮、同理、團結……最美好的價值在燈下發亮。

在燈會圓滿落幕的那刻，我相信這場活動的主辦單位，他們能懂歐陽脩的微笑。

儒家講究政治家要能「仁民愛物」，所謂「仁民」，是「民之所欲，常在我心」的體恤；所謂「愛物」，是推及萬物的惜物胸懷。放眼二十一世紀，雖然詞彙換了，這依舊是人民檢驗政府的重要標準。

小至一個社團，大至一個國家，無論你是小小一個幹部，還是國家決策者，我們在古文中學做官、學做事、學做人。

誰才是清醒的人

屏東縣長的訪談中有一句話說的很有意思，他說「沒有傘的孩子跑得快」。沒有傘，所以才會起勁狂奔，化不可能為可能，從現有資源想辦法。正因為缺乏傘，不被看好的滁州和屏東，反而跑出勝利的姿態。

開局一手爛牌是運氣，但將一手爛牌打成好牌，是實力。但，短時間內的雨中狂奔還可行，如果雨一直不停呢？文章的最後，歐陽脩還說了最後一樂：

醉能同其樂，醒能述以文者，太守也。

述作之樂，是歐陽脩留給自己的最後一樂。

來到滁州，歐陽脩應該是苦悶的。

慶曆五年，歐陽脩上書為變法而遭貶的范仲淹等人說話，未料辯護不成，反而更激起反對黨的敵意。

偏偏他家裡正好發生了一些事：歐陽脩的妹妹嫁給張龜正，不久張龜正過世，留下新寡的妹妹、以及張龜正前妻所生之女。歐陽脩憐其孤苦，將親妹和這個無血緣關係的外甥女張小妹一同接回照顧，並作主將張小妹嫁給族兄之子。

未料，這位張小妹與家僕通姦遭到告發，審理此案的開封府權知府事楊日嚴，曾因貪汙被歐陽脩彈劾。這次逮到把柄伺機報復，誣指歐陽脩和張小妹有曖昧關係。最骯髒的汙水，就是潑你一身捕風捉影的風流緋聞，讓你說不明道不清，想解釋還越描越黑。

小人的抹黑構陷，動搖了宋仁宗對歐陽脩的信任，不久，歐陽脩被貶為滁州知府。

對於這場政治風暴，歐陽脩並沒有太多哀愁文字哀嘆愁苦。但他年僅四十便自稱「醉翁」，「醉中遺萬物，豈復記吾年？」說自己醉的人，往往才是最清醒的。

〈醉翁亭記〉，傳誦千古。雖是貶謫時所寫，但讀〈醉翁亭記〉，你看到的是山林之樂、是禽鳥之樂、是人民之樂、是歐陽脩之樂。

他並沒有唉聲嘆氣，相反的，他似乎一直微笑著，給人民看、給政敵看。

但我猜想：白日熱鬧了一天，也許夜深人靜時刻，歐陽脩最後的一樂是：給自己倒杯酒，一字一字寫下這篇〈醉翁亭記〉。

寫作是和自己的對話，靜思、靜語、靜心，從眾人擁護跟隨的熱鬧，返回自身一人的寂靜，靜下心反芻；細細反芻省思，自己要的到底是什麼？為官的初衷是什麼？

請不要小瞧歐陽脩這最後一樂，馬斯洛需求理論中最高層級的兩項，一個是「尊重需求」，來自成就、自尊等實現。如果說歐陽脩在與民同樂中滿足了「尊重需求」的滿足，「述之以文」則是馬斯洛最高層級的需求——「自我實現」。

那是針對真善美至高人生的追求，是藝術家追求為文的忘我，也是一位知識分子對自我理想實踐的渴求。

我要的，從來就不只是滿足高官厚祿。

我怕的，也不會是官場名位被剝奪的恐懼。

當政敵以為給你苦痛、將你絆倒重摔在地，等著看你哭著哀求，歐陽脩示範了「優雅爬起來」的姿態。

雨來時，光只是狂奔恐怕還是不夠的；更優雅的，是你還能冷靜看待風雨，甚至悠遊從容的在雨中緩行。

不疾不徐，不失去自己的步調；不哭不鬧，不失去自己的方向。

趁著微醺，醉翁寫下〈醉翁亭記〉這篇文章，有些快樂，只有自己知道。

寫出來，讓不懂的人看了氣死；懂的人，我們共勉之。

孩子，先別急著發問

〈聊齋．勞山道士〉vs. 電影〈日日是好日〉

先讓問題等待一下

「這是在做什麼呢？」

「為什麼手腕要繞圈呢？」

初次接觸茶道，女學生典子有很多不解。

武田老師愣了一下，有些困惑的答：「你問我為什麼？我會很傷腦筋的。不明白意義也沒有關係，先就照著做吧！或許你們會覺得奇怪，但茶道就是如此。」

電影《日日是好日》的剛開始，有著許多令人感到熟悉的困惑。

武田老師的指令下的很模糊，什麼叫做「拿東西時要舉重若輕，舉輕若重」？有時指令很瑣碎：「一塊榻榻米要分六步走」、「先邁左腳」、「回答『是』說一次就好。」

典子和美智子大惑不解，一個月來只有重複基本動作，問任何原因，老師只回答：「不能用頭腦去思考，習慣成自然。練習是次數的累積，練到最後手會自己動起來。」

當前的教育害怕學生只知被動學習，不敢發表意見，所以我們一直鼓勵學生舉手發問、踴躍發言。

但不敢發言的風氣逐漸改變後，課堂上學生拚命舉手、踴躍發言，老師又產生了新的困擾：學生的「問」，真的經過深思熟慮嗎？

很多時候，我們面對的是台下一群活跳跳的鮮蝦，他們沒有耐性聽老師講述完畢，只是不斷的打斷老師發言、不斷地舉手，然後在成效不彰時抱怨：「這個一點用都沒有。」

年齡小的課堂浮躁片刻不得靜；年紀大的，則是翹著二郎腿，一臉酷樣：「我學這幹嘛？」

有時候，我真的很想說：你可不可以先不要急著問下一步，先安靜完成這個步驟就好？

甚至，老師最想說的事：拜託你先閉嘴，用心體悟就好。

很多道理，只能意會，不能言傳。

不是我不讓你問，而是，時候未到。

我幹嘛要學這個？

前陣子有個孩子回校拜訪，很認真的問：「老師，為什麼要學文言文？如果要看懂文章的意思，我看翻譯就好了。為什麼還要花這麼多時間學文言文？」

這個問題，他不是第一個問的。

我暫時先從辭彙的積累、寫作的能力培養，或是閱讀第一手資料能力的掌握……各種方面回答，但我答得吃力，學生唯唯諾諾，一知半解。

可是我心裡明白，我目前能說的都只是最淺層的答案

我真正想說的是：「比起問為什麼，你先認真讀一段時間，好嗎？」

不要急著發問——因為你不花點時間接觸，我根本無法告訴你，我從古文中體悟的好。

電影的前半段，有些像茶道教學影片：老師一個一個動作的教學，學生造本宣科的模仿著；武田老師說：「茶道要先從形式學起，先把形式做出來，再將心意放入其中。」

所謂萬道同流，同樣的，很多道理，也都是從形式學起。

舞蹈社的同學，每天由學長姊壓著拉筋、深蹲做基本練習；愛唱歌的人，從呼吸、發聲開始練習；料理初學者，從認識食材開始做起。

漫畫《灌籃高手》，櫻木雖然頗有籃球天分，但剛入社的他，也只能在場邊練運球等基本動作。

每一樣的學習，剛開始都是從看似無關的基礎開始，請原諒老師很難告訴你「為什麼要這麼做」，因為那個世界太廣大，可你還沒踏入。

從輸入到輸出

玄怪故事〈勞山道士〉出自《聊齋誌異》，在這篇故事中，紈褲子弟王生想向道士學習法術，但每日道士只叫他砍柴除草，一個月後，王生「手足重繭，不堪其苦。」

道士只叫王生砍柴的用意是什麼？

學生說，可能是考驗他的求道誠意，也有人說，說不定砍柴強身健體，是學道基本盤啊！又或者，每日的砍柴勞作，是要磨去求學者的一身習氣？

在古早盛行學徒制的時代，每日掃灑清洗都是修行的一環。《壽司之神》這部紀錄片講述日本神級壽司師傅小野二郎，是如何以極高的自我要求達到壽司一路的登峰之境。影片中提到，學徒剛入行，先花幾年的功夫打掃清洗，其次再花幾年的功夫煎蛋捲。好不容易能站到師父旁邊當二廚，最少十年光陰已經過了。

古早的學徒制，於現今的教育現場已不可得。我們現在的學習太講究速成，追求的是立竿見影，藥到病除；還有多少學生，有耐性聽從老師的苦心建議？

「多讀，把不會的詞圈起來；抄寫佳句，背誦。」

對，尤其是背誦，一講到背誦，學生嫌惡的表情藏也藏不住。現代的教育，背誦成了過時老掉牙、古板沒人性的代表。

然後到寫作時，學生兩眼無神、雙手一攤：「我不知道怎麼寫，我想不出別的詞了。」

因為腦袋裡除了俗濫的貧乏詞語，沒有再儲存任何詞彙積蓄了。

金庸《射鵰英雄傳》的主角郭靖得遇名師，碰到了北丐洪七公傳授降龍十八掌，我們可以羨慕郭靖的幸運，卻忽略了一點——如果郭靖未曾跟馬鈺花幾年的功夫學習全真派心法，打下內力基礎，那麼即使有幸遇到名師，他有足夠的根基學習北丐絕招嗎？

當然，有些東西是可採捷徑速成，可是那就像吸星大法，一口氣把他人多年內力吸走，你真的有辦法駕馭？

你看《笑傲江湖》當中的令狐沖，不就被那些不屬於他的真氣搞得七葷八素，小命差點不保？

老師父說的那些笨方法，就像馬鈺教的內功心法。它很無聊、很枯燥，但沒有耐力挺過這些死功夫，你不配跟我說你很努力。

你為了什麼而學？

不耐一個月的枯燥勞動訓練，王生「陰有歸志」，想要回家了。

就在此時，師父當晚有個宴席，席間師父秀了一手剪紙成月、箸化美人的神奇法術，小小酒壺居然湧出喝也喝不完的美酒，王生大為忻慕，歸家之意暫且按下。

但，有趣的是，讓王生「忻慕」的法術，全屬於物質享受層面。這不也像世人慣習，哪種科系可以換得最高起薪、得到最多利益，就成為大家搶破頭的熱門科系？

王生看到了道士以神奇法術換得的物質享受，卻看不到道士在此之前的付出。當學徒看著老師施法艷羨不已，雙眼發光時，道士只淡淡地道：「早點睡吧，別誤了明天砍柴。」（宜早寢，勿誤樵蘇。）

我一直覺得這句很有意思，閃亮炫目的一晚 show time 之後，大發異彩的表演者，只淡淡地說：「回到平常該做的事吧！」

日復一日，刻苦自律的平淡學習，才是求道的本質。面對學習踏實謙卑的態度，才是真正的「道」。

你為他一晚的大放光芒艷羨不已，卻不知他已樸實打磨了十年日夜。

電影中，典子花了兩個月，總是一再重複最基本的動作。這期間，她也抱怨過，同行的夥伴一個個求去，她也曾想放棄。

不甘不願地來到茶道教室，沒想到，就在今天有了新的體悟：這一天的練習，她熟練地完成了整套沏茶動作。

整套動作做完，老師欣慰微笑，典子也笑了：「欸？身體自己動了。彷彿被操縱一般，手自己動了起來，真不可思議，這感覺蠻棒的，真是太好了。」

此時，她終於領悟了老師先前所說：「不要老是用腦袋記憶，試著運用身體去感受。」

那些「道」的體會，除了你用長時間苦練，無法言說。

我們現在的教育，太講求「快樂學」、「興趣學習」、「多元嘗試」，但「快樂學」的結果呢？我會說，是「安樂死」。

沒有花一萬個小時苦練，別說你是專家。

每項只會皮毛玩玩興趣的，別說這叫「斜槓」。
沒有經過長時間打磨，又怎能得到精潤美玉？

師父，請告訴我捷徑

但王生不懂，勉強又忍了一個月的勞作，王生不幹了，要回家。
回家前，他跟老師說：「好歹我也交了一個月的學費，你至少要教我一個法術吧？」（弟子操作多日，師略授小技，此來為不負也。）
想學什麼呢？王生說，教我穿牆術吧！
為什麼是穿牆術？
穿牆也許是為了炫耀、也許是居心不良有意為盜，但穿牆還有一個更便利的就是——我可以直接走捷徑。
直接教我成功的捷徑吧，老師！

玩了三年的學生，在高三大考倒數前夕才問：「老師，我到底要怎麼讀國文？」「作文寫不好該怎麼辦？」

該怎麼回答呢？我只能苦笑，然後教一些短期可見成效的做題訣竅。一如課文中道士的「笑而允之」。

老師通常還是會「允之」教你，因為老師還是希望能幫你多得幾分。但那個無奈的「笑」，孩子們卻不會品味。

道士教了穿牆術，臨別時再次叮囑「歸宜潔持，否則不驗。」（心態要正確啊！！）

學生學了訣竅，快樂地離開，老師殷殷叮囑：「回去要多練習啊！！」「好！」回答得很有精神，然後只練習了三題。

真的是老師不會教嗎？

王生穿牆不成，跌跤出了個大洋相，忿忿不平的怒罵道士「無良」。

真的是道士無良、故意惡作劇嗎？

孩子們，真正能讓你出糗的，只有學藝不精的自己。

孩子，請開拓你的眼界

〈聊齋・勞山道士〉（下）

這是無用的學問

認真的孩子其實很多，吉他、舞蹈、英文單字、數學習題，常看到學生每天按著基本功乖乖照練；練得滿頭大汗、手指重繭，也無怨無悔。

那麼，為何換成文言文，就滿心嫌惡呢？「老師，國文只要會聽說讀寫就好了，幹嘛還要學文言文？」這是最常見的抱怨跟疑惑。

會這樣嫌惡，或許是因為，其一，正因為國文是母語，聽說讀寫的能力你我皆有，所以反而更會覺得「這樣就夠了」。

我的數學打小就爛，所以我常覺得「我的數學足以上市場買菜就好了」。可是我不至於認為「加減乘除以外的數學都可廢除」，因為我明白我數學不好是自個兒能力的問題。

但因為大家都有基本聽說讀寫能力，讀過幾篇文言文，可生活中好像沒用到過，（是沒用到，還是不會用呢？）有很多人就憑著過去學習經驗發表「文言文無用論」。

如果是英文，我們不會發表「莎士比亞無用論」；

物理看不懂，我們不會抨擊牛頓愛因斯坦過時；

那為什麼文言文看不懂，我們的選擇是「廢除它」？

小青蛙在井底過的很開心，三餐有蟲吃，露水喝到飽，抬頭有藍天，這樣的生活空間過上一輩子也沒問題，所以井外的世界對小青蛙來說，絲毫不具吸引力，所以井外世界是無用、多餘、浪費的，是該一筆勾銷的大型廢棄物。

這樣的觀念，你認為正確嗎？

如果不對，那為什麼對於知識，我們為何如此坐井觀天，還這麼的自以為是呢？

未登泰山，如何小天下？

會這樣嫌惡的第二個原因，或許是因為當前社會普遍的價值觀，讓我們的大學變成「職前訓練班」，而我們的高中、國中教育變成「職前的職前訓練班」。

每一個科目的學習，用分數來衡量它的價值與否。

國文很重要，因為它是比序第一順位。可是立志讀中文系就很蠢了，因為這個科系沒有「錢」途。

同理，其他各門學科我們也是如此比價：先看學這個利益有多少，接著再算哪一科最有投資報酬率。

我們在學習上都是厲害的投資客，教育成了一場投資操盤大賽。而當前教育方針，更偏向「聽說讀寫」便可的實際層面。因為只把國文視為一種「實用技能」，而非「生命教育」與「美感教育」。所以我們對國文的要求很淺顯，古文的重要性似乎也沒這麼重要了。

但是，這些歷經千百年時代淘汰篩選，輾轉留下最精緻的文字藝術，你未曾大量見識過，未曾細細品味過，又怎麼分辨什麼是「好文章」？

如果我們只講究功效——好比說，為了提神，大部分人會選擇喝咖啡。我只需提神的話，喝個沖泡式即溶咖啡便可，或者便利商店的罐裝咖啡也行。

但終其一生喝現成的咖啡，你很難理解，為什麼會有這麼多人著迷於研製咖啡這項技藝，沉醉在手沖咖啡千變萬化的世界之中。

電影中，武田老師帶著兩位女弟子，特別參與了年度的茶會盛事。眾多茶道名家齊聚一堂，在名園的古茶室中品味茶香。

席間傳閱著精緻的骨董茶碗，老師細細觀賞著，將茶碗遞給弟子時，提醒道：「你們也要仔細體會，體會重量、觸感，以及捧在手上的滋味。多多欣賞正牌貨，才能培養好眼光。」

常有學生拿著作文來問：「我覺得我寫得很好啊！為什麼分數還是這麼差？」

孩子，你的視野裡，真的見識過什麼叫好文章嗎？

古文中精煉的字詞，要如何品鑑出好壞，只能大量閱讀、細細品味，以時間和基礎功先培養眼界。

沒看過好東西，心中根本連評鑑的標準都無法建立。

或許你會說：「咖啡就是咖啡啊，我只是要提神而已，沒那麼講究。」是啊，因為只認識即溶咖啡的味道，所以這樣單調合成的味道就滿足了，不認識咖啡對人生其實不會有什麼影響，你只是少了一種不會構成生存威脅的閒暇品味而已。

但是，很多對於美的品味與鑑賞，對於「道」的求知和提昇，就是在追求更上一層的尋覓中慢慢累積的。

登東山而小魯，登太山而小天下，故觀於海者，難為水；遊於聖人之門者，難為言。

未曾見識過最上層的藝術，怎麼知道什麼是「好」？

有句俗話說，「窮養兒、富養女」，用窮養砥礪男兒懂得自立自強，用富養培育女兒識人識物的眼界，等她到花一樣的年齡時，就不易被各種浮世的繁華和虛榮所誘惑。

這句教育理念我們不一定認同，再爭論下去說不定要變成兩性議題了。但是無論男女，或者我們可以都貪心一點：「富養兒女」——富養他／她的知識眼界、修養閱歷。

唯有眼界的提升，才不至於抱著一口小井就自鳴得意的呱呱亂啼。

沒錯，學習任何東西只要會基本能力就好了。

如果抱持著「不會這個又不會死」的觀念，我們有太多知識其實都是不必要的。

不過如果希望將生活提升到比生存更高的層次，或許你就會學著品酒、手煮咖啡、欣賞音樂……各種我們稱為「品味」的學習。

沒有這些「品味教育」生活照樣能活，只是，這樣的人生很乏味而已。

無法立即理解的事物

與其在學任何東西前一定要釐清「為什麼」，先抱著一顆好奇心嘗試看看吧？與其在做之前要先問清楚價值所在，為什麼不先用身體五感體悟看看呢？

如果任何東西先問定價如何才能決定好壞，我們認為這是「俗」；那麼，以「功效」決定知識的高下，是否也是一種「俗」？

電影中，典子即將面臨出社會的職場壓力，人生歷程的轉變，讓她有感而發：「我小時候看了〈大路〉這部電影，當時完全看不懂。但是，前陣子我重看了一次，發現拍得真好。覺得沒被這部片感動，人生就白活了。」

到了某個能懂的年齡才終於看懂的電影；花了二十四年，才一點一點有所理解的茶道……有很多的「道」，本就需要火候慢燉、需要經驗發酵，需要日積月累的質變。

正如典子的感悟：

世上所有事物，可歸納為「立刻能理解」，以及「無法立即理解」兩大類；能立即理解的，經歷一次便夠了。然而，無法立即理解的事物，往往要花上很長的時間才能漸漸理解：小時候看不懂的電影，現在再看，卻止不住哭泣。

國文是一科預習用的科目，我們在十六歲時學的文章，十六歲時幾乎不懂。我們的人生未曾於十六歲時就體會到貶謫失意、生死離散，十六歲時也還不懂出世入世。

有趣的是，各種科目中，可能也只有國文是為「預習失敗」而準備的。

預習人間本就滄桑，世事終究難料；

預習動如參商、物是人非；

預演遇到抉擇兩難困境時，我們可以有什麼樣的選擇；

預演驟雨飆風之際，我們可以用什麼心態面對。

這些預演不是立即能理解的。可是，也許我們做人要看得遠一點，學習要貪心一點，下結論要慢一點——尤其，對於那些不能立即理解的事物。

第3篇

經營你的人生

搶在顧客開口之前：紅樓夢的職場智慧

《紅樓夢》是一部大書，少年時，讀裡面的花花草草鶯鶯燕燕，眾多女兒家青春之美；中年時，讀裡面的待人處事，人情練達皆文章；老年時，讀裡面的盛衰無常，學習釋懷放下的圓融通達。

但在學校現有的上課時數中，我們只能大約帶著學生讀「劉姥姥進大觀園」這課的熱鬧；但事實上，這課蘊含的職場倫理，更可是高中孩子們事先預習的社會學習。

今天，就讓我們來看看「賈氏企業」的VIP參訪之旅吧！

賈氏股份有限公司

整個賈府基本上就是一個企業公司，我們若將人物身分對應現今企業職位，大致可得出以下區分：（見圖一）

而劉姥姥之所進大觀園的原因，在於賈母的一時興起，換句話說，整課其實就是一場「董事參訪」的VIP參訪之旅。今日活動的真正貴賓不是劉姥姥，而是特意遊園的「賈母」。

而今日所有經理、特助的任務只有一項——如何逗得董事長開心。在這篇文章裡，或許可一窺賈府主管們的職場智慧。

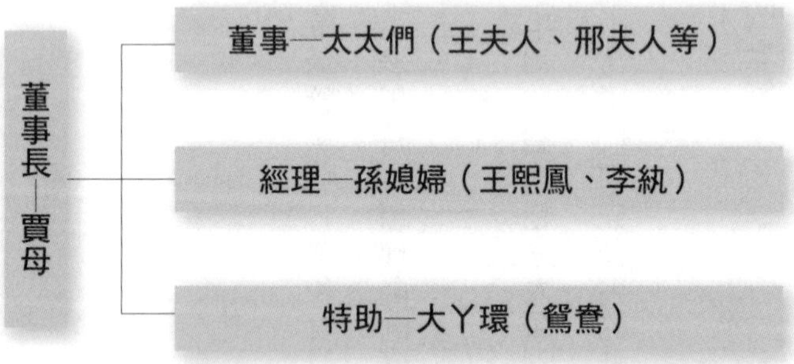

圖一

與客人的期待賽跑

日本的服務業舉世聞名，我去日本旅遊時，會刻意連住好幾晚的青年旅館，只為了將住宿預算投資在一晚的溫泉飯店。這麼做的原因只有一個：除了溫泉外，我想要體驗傳說中「女將」熨貼到心裡的頂級服務。

還記得那一次的經驗：剛到飯店時我們滿頭大汗，櫃台立刻端上濕毛巾和冰酸梅湯讓我們解渴散熱，當我們喘過氣來時，行李已在準備就緒的房間等待我們。進到房裡，室內拖鞋妥貼擺放成最方便穿上的角度。窗明几淨的屋內散發著榻榻米的草香，桌上還有著迎賓卡。

用餐時，你會發現女將總是將上菜時間拿捏得恰到好處；泡湯完回到房裡，床鋪已經鋪排就緒。彷彿小精靈般，女將總是先行一刻的替你把下一步安排妥當。

看似優雅從容，其實每分每秒都在與客人的預期賽跑。同樣的，當賈母前一天預約了「上園子裡逛逛」的行程，我們會發現，一大清早，經理李紈的忙碌準備已經開始了：

・看老婆子、丫頭們掃那些落葉，並擦抹桌椅，預備茶酒器皿。

・命人去開了綴錦閣，看著他們一張一張的往下抬。

・預備老太太一時興起想遊湖，先把船上划子、篙槳、遮陽幔子，都搬下來。

而此時太興奮的賈母突然提早到來，李紈趕緊迎了上去，看似突發狀況，但一旁丫環碧月「早已」捧過一個大荷葉式的翡翠盤子來供賈母簪花。

曹雪芹描寫的細膩就在此，一個「早已」，就寫出了賈府一絲不亂的服務精神。哪怕客人提早到訪，早就準備好的服務還是能立即端上，無縫接軌。

接下來遊園的每一站，我們都可以看到「超前部署」的服務態度：到達瀟湘館時「紫鵑早打起湘簾」候客，決定用餐地點後「鳳姐兒聽說，便回身同了李紈、探春、鴛鴦、琥珀，帶著端飯的人等，抄著近路，到了秋爽齋，就在曉翠堂上調開桌案。」

和顧客的期待賽跑，你以為的從容待客，只是他們的超前部署。

知所進退的職場禮儀

賈府員工上上下下大概也有三四百人，職場競爭的激烈可從丫環婆子們平日的吵嘴爭執中看出。能夠爬到「特助」位置，掙得一聲「姑娘」臉面的，自有她們不凡的職場能力和處世智慧。

一開始，鳳姐身邊的次要助理豐兒就先來傳話：

（豐兒拿了幾把大小鑰匙，說道）我們奶奶說了：外頭的高几兒怕不夠使，不如開了樓，把那收的搬下來使一天罷。奶奶原該親自來的，因和太太說話呢。請大奶奶開了，帶著人搬罷。

我曾請學生檢視這段話，覺得哪幾句是有點多餘的？學生想了想，指出了「奶奶原該親自來的，因和太太說話呢」這一句。「老師，她傳話完就好了，為什麼還要再加這一句？」

好，那我們再細想豐兒為何要多說這句的原因。試想，今天國文老師如果請小老師跟導師借課安排考試，你身為小老師，要怎麼跟導師說話？

「欸，國文老師說要排考試。」

欸是誰？誰叫欸？

「老師，國文老師說她要排考。」

國文老師什麼咖啊？講一聲我就要使命必達？

可今天聰明的小老師，就知道怎麼說話不會幫上司惹事，還不會把火引到自己身上：「老師，國文老師想要跟您喬時間安排考試，本來她要親自跟您說的，但找了幾次都沒碰到您，還請老師幫忙。」

全班「噢～～～」的一聲長嘆，終於知道居中傳話也有傳話的學問。

而這句話裡可玩味之處還多著呢！

「奶奶原該親自來了」表達了「我們不是不知道禮數」。

「因和太太說話呢」這句說明「為何失禮的原因」，不過有心解讀的話隱隱約約有點顯擺味道：咱家上司「正和更上一層（太太）」說話呢，請您多海涵些囉！

我們可從中讀出雖同為孫媳婦，鳳姐比李紈得勢的味道，但如果小老師今天直接幫忙傳話：「國文老師本該親自找您的，但她正和主任講話呢！請您先安排吧！」

你看看，你根本是在幫國文老師點火引戰嘛！聽到這裡，全班大笑起來。

年輕的職場人士常覺得禮節看似多餘，卻不知學問正深藏其中。所謂禮節，本就是為了人心存在。適當的禮節讓對方獲得尊重，也為自己省去了不必要的麻煩。同樣的禮節，藏在鳳姐和鴛鴦，這兩位「一級主管」和「一級特助」之中。

我們常說「熟不拘禮」，有客來訪總愛說「當自己家裡，別拘束」。但你是當真二郎腿一翹，大搖大擺的開冰箱坐在別人家客廳裡看電視，這個「不拘禮」可要變成「不懂禮」了。

真正在乎的一段關係必須拿捏一個「親而不狎」的距離，夫妻朋友尚且如此，更遑論長官下屬？

所以我們在盛宴過後，鳳姐和鴛鴦親自和劉姥姥道歉。剛才盛宴上整段的捉弄搞笑自然是雙方有意為之的默契，按照鳳鴛二人和劉姥姥的不對等身分，就算她們不向劉姥姥陪禮，劉姥姥也只能摸摸鼻子。但二人補上的道歉，也是另一種安撫與慰問：

「雖然你知我知，但剛才，不好意思拿你尋開心了。」

「如果有什麼得罪，別往心裏去噢！」

同學現在擔任社團幹部，在迎新或團康時間，總需要幾個開心果不計形象負責炒熱氣氛。但搞笑個幾次，幾位活寶同學的犧牲成了天經地義，大家的玩笑也越來越肆無忌憚起來。

請問，為什麼他們理該成為團體間的小丑人物？

沒有人的犧牲是理所應當的，一句「剛才，辛苦你了」，是你珍惜他們付出的感謝。

越是熟稔，越不能忘記尊重的距離。而文章接下來的一句，也暗藏著這樣的玄機。

鳳姐兒便拉鴛鴦：「你坐下和我們吃了罷，省的回來又鬧。」鴛鴦便坐下了，婆子們添上碗箸來。

這裡值得注意。按照禮節，身為奴僕的鴛鴦本沒有和鳳紈二人對坐吃飯的資格。但鳳姐主動拉鴛鴦就坐，一來可視為對董事長特助的拉攏，二來也是對鴛鴦這位職場合作夥伴的尊重。

而無論和鳳姊有多親近，在上司鳳姐主動開口之前，鴛鴦是不會逾越身分，大咧咧直接坐下的。

人家對你禮遇三分，你可別禮遇自己七分。

鴛鴦一個不到二十歲的小姑娘，為何能殺出重圍成為董事長身邊第一特助？你說呢？

別眼紅他人的毫不費力

最後，讓我們再看看李紈、鳳姊這兩位一級主管的職場生活吧！

她們最早起，一早就開始監工巡視各部門；人家吃飯時她們侍立在側，隨時掌握用餐需求、帶動氣氛說學逗唱，等大家吃飽喝足後才最後用餐。

作為中階主管，孫媳婦不但得辦事勤快，還得知禮節、懂進退；對上滿足長官託付、對下須彈壓整合下級部屬。往左應承眾多姑娘（客戶）們需求、往右還不時要幫老爺們打點善後。

而其中，掌握賈府大權的鳳姊，又比李紈更不得閒。她早起晚睡，人前笑語從容，人後早已是一身病痛，累得小產後還惡露不止。

團體中總有些風雲人物，看似春風得意，叱吒風雲多年仍屹立不搖。但他背後到底是怎麼付出的？在忌妒眼紅前，先仔細看看他的作為吧！

前陣子有本暢銷書《你必須很努力，才能看起來毫不費力》，我很喜歡這句話。逆推回去，也是一番道理：在眼紅他人的毫不費力之前，先看看他是否比你拚盡全力。

紅樓夢如是，職場如是，人生亦如是。

感謝我所尊敬的前輩莊湝芬老師分享教學經驗，莊老師分享以本課帶領學生看「未來服務業需具有的特質」，讓我見識到跨領域的素養教學可如此整合，並徵得老師同意，有了這篇文章。

個人品牌的經營真味

徐國能〈第九味〉vs. 電影〈壽司之神〉

徐國能教授的〈第九味〉寫出深刻的人生況味，少年眼見「健樂園」樓起樓塌，眼見奇人曾先生大起大落的跌宕，文章寫的是廚藝，讀之卻有種江湖傳奇的武俠小說況味。

而課文最讓人低迴沉思，莫過於曾先生口中的「第九味」了。到底什麼是第九味？文章只陳述了健樂園的人事起衰，卻未明言題目的「第九味」的答案。第九味彷彿某種上乘武功心法，有些人畢生追求仍難企及核心，有些人心證自證，拈花微笑。

為了怕青年學生難以想像這樣的上乘心法，於是我嘗試了另一種尋找第九味的道路——作為餐廳精神人物的「曾先生」，到底是怎麼打造他的金字招牌？後來又如何跌下神壇一蹶不振？我們用「個人品牌」的概念，重新審視曾先生的成敗，試圖分析江湖傳說的「第九味」。

品牌成功：「曾先生」的金字招牌是如何打造的？

在故事中，作者父親經營的餐廳「健樂園」成敗，與曾先生有非常密切的關係。尤其是羅中將席開百桌，指定曾先生排席，席開當天曾先生卻不見人影，只得由趙胖子冒名頂替。趙胖子「縱橫廚界也有二三十年」，「如八臂金剛將劖杓使得風雨不透。」一席間無人吃得出差異，卻只因最後被揭穿曾先生缺席的騙局，竟成為健樂園經營危機的最後一根稻草。

眾人皆無辨識菜色差異的能力，也證明了趙胖子的「產品」並不輸人，但為何只有「曾先生」的招牌能使顧客買單？這也正是我們要討論的第一個重點——「曾先生」這塊金字招牌，到底是怎麼練成的？

首先，我們可先列出課文中曾先生與其他廚師的不同之處，試著觀察是否能得出一些品牌經營的訣竅：

原文	要點歸納
我從未見過曾先生穿著一般廚師的圍裙高帽，天熱時他只是一件麻紗水青斜衫，冬寒時經常是月白長袍，乾乾淨淨，不染一般膳房的油膩腌臢。	服裝形象包裝、以服裝提升專業度
有些名氣高的廚師身兼數家「大廚」，謂之「通灶」，曾先生不是通灶，但絕不表示他名氣不高。	保持品牌獨特性，不輕易展店、加盟

曾先生的酒都自己帶的，他從不開餐廳的酒，不像趙胖子他們常常「乾喝」	職業道德，不佔公司便宜
曾先生從不阻止父親作筆記，但他常說烹調之道要自出機杼，得於心而忘於形，記記筆記不過是紙上的工夫。	獨出機杼，能有別人難以學習的專業「秘方」

從以上討論表格，我們可以整理出曾先生打造個人品牌的重點訣竅：

1. 服裝提升品牌形象：正如市面上常見的知名企業，無印良品、生活工場的員工統一穿著素色乾淨的制服、便利商店、速食店則以明亮色彩的服裝營造活力熱忱的感覺。曾先生在業界的地位其實更近於「顧問」而非「廚師」，他不穿廚師圍裙高帽，更避開一般大眾認知的廚房腌臢油膩，正為他的「顧問」形象和一般認知做出市場區分。

2.技術集中，僅此一家別無分號：曾先生不肯「通灶」（身兼多家餐廳大廚），反而更加提升健樂園在競爭中的不可取代性。他對烹調之道自出機杼，甚至根本無畏他人學習取法，就是因為深信個人技術獨樹一幟。「獨特性」就是曾先生立足江湖的法寶，不肯輕易展店、加盟，更能確保每次產品控管、維持品牌水準。台灣常有風潮性的加盟展店，蛋塔、飲料店、娃娃機……只要一有利潤，立刻就有無數商家眼紅想分杯羹，但往往泡沫化也只是一瞬間的事。要如何長久經營，獨特性才是要點。

3.職業道德，顧客信任才是最好投資：曾先生和趙胖等人也許實力上相差不大，但為何顧客信任的只有曾先生？關鍵或許從一項細節中便能看出：「曾先生從不乾喝餐廳的酒」。

這代表了什麼？在課堂上我與學生討論時，學生們七嘴八舌，有的說：「因為餐廳酒不好喝。」但也有學生指出「曾先生不願吃白食，佔餐廳便宜。」

那麼，不願佔餐廳便宜，又代表了什麼？

學生想了想：「表示他不會偷工減料。」

是的，魔鬼藏在細節裡，小惡也藏在這些瑣事中。今天會白喝餐廳的酒，明日大可再多偷點公家油水，甚至偷工減料、侵占回扣……很多的惡事就是在這些看似微不足道的細節中蔓延滋長，古人說「莫以惡小而為之」，此話雖俗，但卻真正道破了一個人自甘墮落的起始點。

所以就算趙胖愛叫曾先生「師父」，曾先生也從不搭理。道不同不相為謀，今天學生要拜師，拜的到底是「技」還是師父的「人」？如果只陷在追尋「技」的突破，最終也不過是一名「技師」。而技師和宗師的差別，恐怕就在於，是否不甘將自我設限於區區「技師」之流，甚至是以道德和信念提升專業與品牌形象。

所以曾先生是一個餐廳信譽的保證，有他在，沒有人敢裝神弄鬼。

換句話說，健樂園真正失敗的原因，就在於「明明曾先生不在，還欺瞞顧客」的造假。有再多的不得已，都抵不過一次失信。

這就是品牌聲譽。一個信譽優良的品牌，關鍵就在他每一個細節、每一項危機處理時展現的誠意。台灣經過多次食安風暴，有的品牌自毀長城、中箭落馬，有的品牌卻仍屹立不搖。顧客也許根本無法分辨商品好壞，一如羅中將其實根本吃不出菜色差異，但他吃的是信賴感──願意掏出大把鈔票光顧某一品牌，買的就是信任。

曾先生的職業道德，使得他出手的「排席」有了顧客的信任。同樣的，健樂園一次的欺瞞，便毀掉多年餐廳信譽。無論團隊有多精準的市場分析，都不要忘了──投資顧客的信任，才是一個品牌最好的投資。

我們從曾先生身上，看到他對自身品牌的重視和謹慎，從中建立的品牌信譽。也正因為這份信譽，縱使趙胖廚藝再精湛，仍舊無法取得顧客信任，自立門戶。趙胖只能複製曾先生的技術，但「複製」終究無法成為一代宗師。

滄浪之水清兮，可濯我纓；滄浪之水濁兮，可濯我足。濯纓濯足，取之於水之清濁；世人如何待你，亦取決於你的清濁與否。

所以，君子怎可不自重？怎能不自重？

但是，這樣謹慎的曾先生，為什麼最終還是流落江湖，一代高人落魄？

文中提到曾先生好賭，並用父親一句「吃盡天地精華，往往沒有好下場」的嘆息作為註腳。彷彿天妒英才，天賦異稟者往往福禍相隨，總是一場令人嗟嘆不已的宿命果報。

但，真的只是幾句感嘆造化弄人，便可輕易交代一個人的功敗垂成嗎？

品牌危機：「曾先生」的招牌是誰摘下的？

曾先生實力信譽兼具，有足夠屹立不搖的贏面。但他最終仍舊失敗，甚至還拖累東家。這最關鍵的弱點，就在課文裡這麼一句「曾先生好賭，有時候一連幾天不見人影。」

這段文字讓人感嘆的是，曾先生有了各種贏面，但誤他一生的非關職場，而是他的私生活。嗜賭，這門惡習，誤了他的一生，甚至讓他失去舞台，淪落到一間低矮小店，抹桌下麵，再不見昔日風光。

社會上也有很多成功人士，在演藝圈、體壇、商場等各領域發光發熱，但最後卻敗在自己的醜聞之上。無論是賭、色、酒、財……每一項惡習一旦沾染上，總是侵蝕反噬掉他所有的亮眼成績。

成功人士很多，江山備有人才出，但總有人能屹立山頭無可取代，我們檢視他的成功特質，往往在於「自律」。

前幾年過世的香奈兒時尚總監，有「老佛爺」之稱的卡爾．拉格斐，就是一位極自律的人。作為時尚指標人物，為了維持體態他可以三十年不碰最愛的巧克力，不菸不酒，每天睡眠七小時；為了保持源源不絕的創意，他維持每天閱讀一上午的習慣。

日本知名小說家村上春樹也是嚴格的自律者。即使已貴為世界知名作家，他依舊嚴格將自己維持在最佳狀態，以面對創作的高度壓力。他在散文集《當我談跑步時，我談些什麼》描述了每天他的作息規律：

成就村上春樹的關鍵數字

．每天 4 點起床，寫作 5 小時

- 下午跑步或者游泳 1 到 1.5 個小時
- 晚上讀書，聽音樂，喝杯啤酒放鬆一下
- 晚上 9 點準時睡覺
- 每天寫 4 千字，就算沒有靈感也要寫

這樣的生活，村上已奉行三十年。

高效自律的人生，才能想走多遠就走多遠。

要建立一個品牌信譽是很不容易的，數十年的經營可能會因某次危機處理不當就付諸流水。但來自外界的攻擊其實可化解，最大的敵人始終是我們每一次的因循怠惰。

自己，才是我們最大的敵人。

詩經云：戰戰兢兢，如臨深淵，如履薄冰。對君子來說，沒有一刻可鬆懈怠慢，任重道遠，當真要到人生最後關頭，才能放下重任，嘆息我已無愧於心啊！

品牌之神：神人藏在專業中的第九味

東京銀座，一間位於地下室、只有十人座的小壽司店，室僅方寸，卻須提前一個月預定才得以入座。用餐時間僅十五到三十分鐘，最低消費三萬日圓，甚至連用餐方法都有所規定——壽司一定要一口吃入，不可咬斷。

這麼多的限定，卻攔不住慕名而來的饕客們，只為一睹鎮店的老師傅——小野二郎，這位有「壽司之神」美譽，全球最高齡的米其林三星主廚。

在紀錄片〈壽司之神〉中，詳細記錄了這位人間國寶對料理的堅持：「與工作墜入愛河」，孤獨嚴謹的在料理之道上精進追尋，直至九旬高齡，小野二郎仍認為自己「尚未臻入化境」。

即使年過九旬，小野二郎始終嚴格自律，平時總帶著手套，以維持最好的手溫避免破壞壽司溫度。紀錄片中詳實呈現，壽司之神是以苦行般的修練探尋料理中的「道」，就連他的學徒，也得先花上整整十年的打雜處理食材，才能走上料理台，做出一盤玉子燒（對，還輪不到做壽司）。

更別說被他選擇的食材——片中採訪，只要是小野二郎指定採買的商家，對商家來說就是最榮耀的加冕。店家驕傲的說：「我家的魚可是小野大師指定的呢！」不用任何政府認定的商章，「小野認定」就是最好的肯定。因為人們相信，壽司之神的字典裡絕無「將就」二字。

節制，克制，精準。

——節制，是對生活的把控。

——克制，是對慾望的把控。

——精準，是對作品的把控。

壽司之神，小野二郎說：「今年我九十三歲了，我想用這雙手捏壽司到一百歲。」

他說，「能夠死在工作檯上，就是我最幸福的死法了。」

終其一生的追尋，自律、精進，以最誠摯的心奉上作品給每一位有緣相會的客人。也許曾先生、趙胖子等人尋之不得的「第九味」，就是要用漫長一生追尋的職人之道吧？

我很想一品壽司之神的手藝，又擔心自己還不配品嘗這蘊藏天地精華的滋味。

也許在小野二郎的壽司之道中，第九味，早已含蘊其中了吧？

英雄是怎麼煉成的？

《天龍八部》蕭峰 vs.〈復仇者聯盟・終局之戰〉

要說我心中對英雄的最初印象，應該就是小學接觸金庸後，對蕭峰、郭靖等大俠的崇拜幻想；問起台下學生們，年輕人最直接回答的就是鋼鐵人、美國隊長等漫威英雄。

武林英雄、漫威英雄，時空背景不同，卻皆被冠以「英雄」稱號。

但，何謂英雄？

金庸小說入國文課本已有多年，但高中課文選擇的是〈雁門關蕭峰捨命退遼軍〉，這一段已是天龍八部最後的結局，我們只看到蕭峰的句點，卻看不到他是如何成就這個句點的。

而天龍八部的架構太龐大，要如何在有限時間中盡量展現蕭峰的英雄之路，我思考很久，決定從「聚賢莊一戰」，對比蕭峰最終雁門關外的犧牲，來看蕭峰的弱點與成長突破。

是的，弱點。

英雄的阿基里斯腱

有人說，蕭峰是金庸筆下最完美的男主角。他一出場就是光芒萬丈。

但就小說發展來說，一開始就登峰造極的主角，還能有什麼發展空間？金庸筆下沒有完人，同樣的，他也給蕭峰一個致命弱點。

不同於其他角色慢慢寫他們的成長史，金庸並未花篇幅去寫蕭峰的少年時代。他只簡單概述了蕭峰的童年：

童年時，為富不仁的醫生不願為養父看病，並將養母推倒在地。養母受辱回家後發現治病的錢不見了，懷疑是小蕭峰偷拿的。氣不過的小蕭峰夜半走了幾里路，從狗洞溜進了醫生家，拿尖刀捅死了醫生。那年，他才七歲。

這段童年回憶，我認為有兩個重點：首先，從小蕭峰就戰力驚人，一如希臘神話中的海利克斯。

海利克斯是宙斯與人間女子的私生子，正宮赫拉管不了宙斯風流，倒是很會遷怒他人——她派了一條大蛇想去咬死襁褓中的海利克斯。結果沒想到海利克斯天生戰鬥技能滿點，活活掐死了大蛇。

襁褓嬰兒活活掐死大蛇，七歲稚童一刀殺死成人，海力克斯和蕭峰，都是天生神力的不凡之人。

但蕭峰也和這些希臘英雄一樣，等待他們的，都是無法掙脫的悲劇宿命；希臘神話對悲劇的解讀是：人無論再怎麼努力，最終還是逃離不了宿命的詛咒。

而什麼決定宿命？最大的關鍵點，還是「性格」。

蕭峰七歲能殺人，這段文字中我們讀到的第二個重點是：藏在蕭峰個性中天生的暴戾之氣。

雖說個性的養成和後天環境有莫大關係，但天生秉性還是略有不同。七歲就能預謀殺人的蕭峰和秉性溫暖的張無忌截然不同，跟出於自衛而殺死銅屍的郭靖更是不一樣。他是有計畫的要殺死這位醫生，蕭峰自言：

那也不單因為他踢我媽媽，還因他累得我受了冤枉。媽媽那四錢銀子，定是在大夫家中拉拉扯扯之時掉地在下了。我……我生平最受不得給人冤枉。

諷刺的是，「最受不得給人冤枉」的蕭峰，接下來的人生全在冤枉中度過。我們常說「我最受不了……」、「我最無法忍受……」，殊不知，那些最無法忍受的事，卻可能正是我們生命中最大的坎。

過不了這道坎，就會與它碰撞，換得一身傷；過得了這道坎，會不會是另一種成長與海闊天空？

七歲的蕭峰「受不得冤枉」而怒殺庸醫；但當被天下人厭棄之時，蕭峰難道還能殺盡天下人嗎？

同樣的問題，在「聚賢莊一戰」時也可看出：當「受不得冤枉」加上潛在的「戾氣」，兩者失控時，蕭峰鑄下了平生遺憾。

在喝完四、五十多碗的絕交酒後，蕭峰大戰群豪。剛開始蕭峰理性尚在，出手都還能留情。直到某路人甲誤入蕭峰和兩位少林僧人的對戰之中，被三人掌力擊斃：

玄難說道：「阿彌陀佛，善哉善哉！喬峰，你作了好大的孽！」

喬峰大怒，道：「此人我殺他一半，你師兄弟二人合力殺他一半，如何都算在我的帳上？」

玄難道：「阿彌陀佛，罪過，罪過。若不是你害人在先，如何會有今日這場打鬥？」

喬峰怒道：「好，一切都算在我的帳上，卻又如何？」惡鬥之下，蠻性發作，陡然間猶似變成了一頭猛獸。

蕭峰「蠻性發作」的原因是什麼？

又是同樣的老問題：「受人冤枉。」

七歲時的蕭峰受人冤枉殺了醫生，成年後的蕭峰在聚賢莊大開殺戒，觸發的關鍵仍是「受人冤枉」。金庸接下來一段血淋淋的文字描述，蕭峰「如瘋虎、如鬼魅」，「紅了眼睛，逢人便殺」、「大廳中血肉橫飛，人頭亂滾，滿耳只聞臨死時的慘叫之聲。」

蕭峰徹底失控時，他強大的武力值造成的破壞也更加巨大。此時殺戮並非出於英雄義氣，而只是憤怒爆發的嗜血本能。

帶阿朱拜莊的蕭峰是出於英雄的扶弱之心，可此時的蕭峰已接近入魔。

要說漫威中哪一個角色也在與憤怒和理智中苦苦掙扎，莫過於浩克。浩克每一次的出現都是憤怒咆哮，他是復仇者中力量最強大的，卻也是殺敵一百，自傷五十的終極破壞者。

而浩克所帶來的全面性破壞，總是讓他另一個自我——象徵理智的班納博士痛苦不已。

同樣的，游氏雙雄自盡讓憤怒的蕭峰稍微冷靜：「他背一驚，酒性退了大半，心中頗起悔意。」

發現了嗎？酒性。

酒性讓蕭峰性格中的殺戾之氣徹底失去理性約束。電視劇二〇〇三年胡軍版本有一個改編：

蕭峰恢復理智，放眼四顧，在他腳邊滿地屍橫。這些人過去曾是他的好朋友，但都死在他的掌下。

不殺了，我不殺了，隨你們了吧！

在那一刻，黯然痛悔的蕭峰，在群敵環繞下，頹然垂下肩膀。

我很喜歡這段演出，離開丐幫時蕭峰曾立誓「終生不殺漢人」，卻在聚賢莊自毀諾言。

聚賢莊一役，是金庸為蕭峰傾盡筆墨設計的一個舞台。此役既展現了蕭峰雖千萬人吾往矣的豪情氣魄，卻也展現出蕭峰個性中的致命傷：絕對的自信、自負，受不得任何冤枉的剛烈血性，還有，暴戾殺伐太過。

「不殺漢人」的諾言一破，蕭峰的殺意更是再無約束：「這個他媽的『帶頭大哥』，哼，我……我要殺他全家，自老至少，雞犬不留！」

憤怒的蕭峰宛如夜叉王，此時的他隨時可以入魔。幸虧身邊有個等他五天五夜的小阿朱，帶給他一線溫馨，同時也拉住了蕭峰不致往更深的地獄墜落。

而在蕭峰接下來更大的悲劇到來之前，金庸曾給他三次跳脫悲劇的抉擇。

但三次，蕭峰的憤怒和暴戾都使他堅持了復仇和血腥，最終使他離幸福錯身而過，一步步走向那沒有光的所在。

第一次抉擇

蕭峰與阿朱二人找到了智光大師，高僧慈悲為懷，臨死前留給蕭峰一段開釋：

萬物一般，眾生平等。聖賢畜生，一視同仁。
漢人契丹，亦幻亦真。恩怨榮辱，俱在灰塵。

這段偈子一針見血的點出蕭峰當時的盲點：他深陷於胡漢之間的認同迷失以及一身的血海深仇。而「胡漢不兩立」及「殺父之仇不共戴天」的觀念，與其說是性格，更不如說是社會框架給予的既定觀念。

若是蕭峰讀懂了智光大師這段話，懂得跳脫二元對立的單一思維，他其實早就可以放下仇恨、放過自己。

但是一念之間的領悟，終究抵不過被固執吞噬：「但我不是佛門子弟，怎能如他這般灑脫？」

唉，我為蕭峰一長嘆。

第二次抉擇

第二次的幸運，來自那個深情不悔的阿朱。

天台寺外，峰朱二人定情。因為愛，阿朱是最早跨過胡漢之分，接納蕭峰的人。

二人相約關外牧牛打獵，遠離江湖恩怨。

幸福離的這麼近，如果當下兩人立即攜手共赴關外，從此也是一對恩愛夫妻。

無奈蕭峰終究要把恩怨弄個明白：「阿朱，這就到信陽找馬夫人去，她肯說也罷，不肯說也罷，這是咱們最後要找的一個人了。一句話問過，咱們便到塞外打獵放羊去也！」

唉，馬夫人如不肯說，也許還是蕭峰之幸；但最怕就是她肯說——蕭峰又怎肯放過報仇的執念？

於是，第二次的求生機會又擦身而過。

我為蕭峰再嘆。

第三次機會

得知段正淳就是殺父仇人，蕭峰約定了當晚決鬥。絕望的阿朱最後一次提出立刻遠赴關外的要求：

大哥，我離開了你，你會孤零零的，我也是孤零零的。最好你立刻帶我到雁門關外，咱們便這麼牧牛放羊去。段正淳的怨仇，再過一年來報不成么？讓我先陪你一年。

這是阿朱赴死前最後一次的掙扎，但蕭峰拒絕了：

若是我蕭峰一人，大理段家這龍潭虎穴那也闖了，生死危難，渾不放在心上。但現下有了小阿朱，我要照料陪伴你一輩子，蕭峰的性命，那就貴重得很啦。

這是不善甜言蜜語的蕭峰最溫柔的情話，但諷刺的是，他今晚必殺段正淳，正是為了能盡快與阿朱雙宿雙飛。

他對塞外生活的期待，反而掐死了阿朱最後一線生機。

至此，三次抉擇，蕭峰皆選擇了「報仇」，悲劇已鋪天蓋地的網羅住他，曾有過的三次生路，都被他的執念辜負了。

唉，我為蕭峰三嘆。

跨越那道坎

我還想問一個問題。

在電影〈復仇者聯盟．終局之戰〉的結局，為什麼發動無限手套的是鋼鐵人，而不能是美國隊長？（無限手套是最強的武器，但發動者也必死無疑）

電影一出來時，網路上這個問題已經戰翻天。許多學生沒怎麼看過《天龍八部》，卻幾乎都看過復仇者聯盟。一時之間教室嘰嘰喳喳的搶著答話：「因為鋼鐵人片酬太貴了！」嗯，賜死鋼鐵人的確很省錢。「因為福爾摩斯只能有一個！」嗯，原來是奇異博士的腹黑計畫！

惡搞答案很有創意，但是今天作為一個嚴謹的編劇者，請你仔細思考一下，最終一戰的彈指到底要由哪位英雄完成，才會是最好的安排？

我也可以更進一步的問：為什麼不讓美國隊長去彈？反正美國隊長本來就不怕犧牲啊？

一個女孩舉起手來：

「老師，美國隊長以前就壯烈犧牲過一次了，他一直都願意為大我犧牲。可是，美國隊長犧牲了，就會辜負愛他的人，就像他永遠沒辦法實踐跟情人的第一支舞。

如果他今天要突破原有性格，他反而應該是懂得再對自己和他愛的人好一點。」

是的，這也是我們在此要討論的主題：常言說性格決定命運，有很多人就順應著他的情緒和性格縱情而為，美其名為率性，但也可能是自溺；但也有人懂得突破，他能清楚認知自己性格上的弱點，克服並有所突破。

即使命運無情，他依舊勇敢地與命運搏鬥，盡力使自己成為更好的人。

英雄從來不是完人，我們在上一節看到蕭峰深陷於報仇執念中，他的憤怒和超強戰力使他掌下一再鑄下大錯。

而接下來，我們來看蕭峰的突破與成長。

折磨蕭峰的最大痛苦中，最關鍵的便是胡漢對立的社會既定觀念。因為對立，蕭峰被中原武林放逐，他自己也失去身分認同。「契丹賤種」的恥辱讓他一度痛苦，但在親眼目睹一場宋軍對遼人燒殺擄掠的打草穀之後，蕭峰第一次突破了胡漢對立的二元思考：

我一向只道契丹人兇惡殘暴，虐害漢人，但今日親眼見到大宋官兵殘殺契丹的老弱婦孺，我……我……阿朱，我是契丹人，從今而後，不再以契丹人為恥，也不以大宋為榮。

這是蕭峰第一次突破僵化的族群對立。而他性格上最大的弱點「受不得他人冤枉」，在聚賢莊屠殺後也有了改變。單家一家慘遭滅門，這筆帳又被算在蕭峰頭上，當村人議論紛紛破口大罵蕭峰時，站在一邊的蕭峰反應是這樣的：

只見他臉上神色奇怪，似是傷心，又似懊悔，但更多的還是憐憫，好似覺得這些鄉下人愚蠢之至，不值一殺。只聽他嘆了口長氣，黯然道：「去天台山吧！」

這段文字中，我最喜歡的就是「憐憫」二字，作者用的最精妙的也是「憐憫」二字。

成熟是什麼？成熟是一種對他人的懂得和慈悲，懂得了對方格局僅有的高度，而能以理解包容，憐憫不再計較。

這一刻起，蕭峰不再是那個「禁不得任何冤枉」的莽漢，他明白了，嘴長在別人身上，他殺不了天下悠悠之口；明白了世人要的只是一個指責的標靶，發表幾句無關痛癢的批判。

而他激憤之下殺盡過往好友、愛人，最終那個恨的報應，也只反撲在他一人身上，世人完全不痛不癢。

接連兩次的突破，蕭峰身上那張狂的戾氣逐漸冷靜下來。阿朱死後，他有很長一段時間漂泊在北方，這段草原上的飄泊我覺得更像是一種自我放逐，直到蕭峰的最終戰役到來。

英雄的終局之戰

蕭峰舉目向南望去，眼前似是出現一片幻景：成千成萬遼兵向南衝去，房舍起火，烈炎衝天，無數男女老幼在馬蹄下輾轉呻吟，宋兵遼兵互相斫殺，紛紛墮於馬下，鮮血與河水一般奔流，骸骨遍野……

遼帝決意南征宋國，眼見戰禍又起，蕭峰抵抗君命不從。此時的他已無國族之分，只有對「人類」的憐憫：

玄渡沉吟道：「原來幫主果然是契丹人。棄暗投明，可敬可佩！」

蕭峰道：「大師是漢人，只道漢為明，契丹為暗。我契丹人卻說大遼為明，大宋為暗。想我契丹祖先為羯人所殘殺，為鮮卑人所脅迫，東逃西竄，苦不堪言。大唐之時，你們漢人武功極盛，不知殺了我契丹多少勇士，擄了我契丹多少婦女。現今你們漢人武功不行了，我契丹反過來攻殺你們。如此殺來殺去，不知何日方了？」

玄渡默然，隔了半晌，念道：「阿彌陀佛，阿彌陀佛。」

我非常喜歡這段對話。先前在天台山時，相似的對話也有過一次，但當時我執難解的是蕭峰，對智光大師的開解，他只覺得「我又不是佛門弟子，如何能這麼灑脫？」

當年的蕭峰只覺得「佛性」是只屬於佛門弟子的。

可今日，真正具有「佛性」的正是蕭峰，他得以超越族群對立的不是「灑脫」，而是出於他對世人的憐憫。

那個對世人的愛，讓蕭峰願意以肉身擋在那些曾經輕蔑他、冤枉他、向他吐口水的世人面前。

「佛性」不看身分地位，佛門弟子若是執念難解，佛性依舊離他很遠；但如果能有一念向善，有那麼一瞬間，你願意突破僵持、成為一個更好的自己，就是邁向成就英雄的道路。

現在，我們回過來開頭的第一個問題：

什麼是英雄？

能夠超脫情緒我執的欲念，克服性格中的弱點，也許就是英雄最大的課題。

所以終局之戰並不只是對大反派薩諾斯的最終決戰，更是每個漫威英雄與自我的終局之戰。班納博士接受浩克是自己的一部分，與浩克和解，從第一集那個憂鬱男子變成搞笑大叔，終於能夠嘻笑人生。自命不凡的索爾終於接受自己並不是最適合的王者，坦然將王位讓賢；漂泊無根的黑寡婦終於將復仇者們聚集，這是她的家、她的歸屬，她樂意為「家人們」犧牲；總是完成大我的美國隊長終於懂得別老犧牲小我，回到伊人身邊，完成那一支舞的約定。

而鋼鐵人東尼．史塔克——那個世界圍繞自己轉動的自私天才，最後卻願意為世界的繼續轉動犧牲自我。

正如史塔克留給女兒的遺言：

每個人都渴望美好的結局對吧？但現實不總是盡如人意。

也許這一次，我希望再看到這個的時候你們是在慶祝，我希望家人再次團聚，

我希望一切恢復如初，我希望這個星球能重回正軌，如果可以的話……

輝煌過後終將落幕，我又何必庸人自擾呢？

萬事萬物自有其道，

我愛你三千遍。

輝煌終將落幕，善惡由人評說。東尼對女兒三千遍的愛，讓他願意犧牲自己，讓星球回歸正軌。

正如蕭峰對世人三千遍的愛，讓他捨命退兵。雁門關前，斷箭插入了胸膛，胸口的狼圖騰彷彿仍在怒號——怒號命運對他的捉弄。

也許蕭峰最終還是難以跳脫忠孝節義、族群認同等既定思維，所以終其一生他沒辦法如令狐沖般瀟灑，但他盡可能的做到最好，做到他人所做不到的事。

之前我們提到，蕭峰是一個希臘悲劇英雄的模式。而這個悲劇模式的基本精神，是描畫人與命運之間的搏鬥，人雖然終究敵不過命運，但是人性的尊嚴，卻在奮鬥的過程中得到肯定。

到此，三千遍的愛與憐憫，使蕭峰在他與自我的終局之戰中，成就自己的英雄之路。

第4篇

莊子箴言書

最不自由的時代，向最自由的人學習

莊子入門 vs. 進擊的巨人

牆，無所不在

大瘟疫時代，封城、防疫、口罩的陰影如影隨形，何曾想到，能在戶外不受拘束的大口呼吸，都是一種難得的自由？

不自由，朋友們紛紛這樣說，學生也在視訊鏡頭中哀嚎著，好想打球啊！我也只能苦笑。蝸居在家的日子，我的透氣時光就是走到陽台，看著樓房間隙中的狹窄藍天。腦海裡還應景的浮現清宮劇裡嬪妃的台詞：入了宮，每天看著的就是這四四方方的天。

不自由是肉體的束縛，但仔細一想，就算沒有疫情，又有幾個人在這世上是真正自由的呢？

你，擁有過自由嗎？

我曾以為十八歲後跑去異鄉讀書，我就自由了，彎彎繞繞了這麼多年，才發現自己只是個風箏，飛來飛去，飛不出線長的極限；可若真是斷線了，風箏又將軟弱跌落。就像背離社會約定俗成的價值公約，又有多少人承擔得起斷線的後果？

自由？好個任性的詞彙。

「老師，你說的話，讓我想到《進擊的巨人》。」學生說：「艾連說，在牆裡，我們都是不自由的。」

是啊，在漫畫裡，作者奇想了三道城牆，擋住了人類的生存。但在現實生活中，我們又有哪些牆，限制了我們的自由？

學生們說了很多，萬里長城是牆，網路審查機制也是牆，美墨邊境也是牆，而有個孩子說了：人心。人心是最高聳的牆。

關於這點，莊子很明白的提出了：人類的不自由，最大來自於心。人受限於框架中，以致看不清全局，自限自溺，痛苦憤恨。而這些框架，莊子說，可概括為三方面：

㈠空間限制

井蛙不可以語於海者，拘於虛也。

你相信宇宙有其他生命體的存在嗎？你相信有其他空間的存在嗎？我們常常說「眼見為憑」，但一雙肉眼真的可以照見大千世界？眼睛看不到的，就能說不存在嗎？

所以在科技提昇前，人們曾相信地球是平的，相信地球是宇宙中心，任何提出不同假設的人，往往被視為邪說於以剷除。

㈡時間限制

夏蟲不可以語於冰者，篤於時也。

學生們很常問：「我學這個有什麼用？」這個大哉問很難回答，所以老師有時只能說「以後你就知道了」。

不是故意混過答案，而是真的時機未到，才十幾歲的孩子，要如何跟他解釋中年以後的經歷和心境？

不是欺負孩子愚昧，而真的是——時機未到。

又或者，我們常用現代的觀念批判古人：那是迂腐封建禮教，這是陳舊四維八德；殊不知，我們對各朝代的背景知識其實相當薄弱，對其時代的理解甚至只建立在戲劇歪傳中。

站在巨人的肩膀上批判巨人，這是一種時代的傲慢與無知。

㈢偏見限制

曲士不可以語於道者，束於教也。

這一點，也可算是最難溝通的。

對於「曲士」——那種見識鄙陋的人，你很難跟他講什麼大道理，因為他受限於世俗偏見中，無可自拔還自以為是。

某某某是錯誤的，某某某才是正確的。在「曲士」的眼中，世界就是二分法，非黑即白（或者你也可以替換成別的顏色）。

有一句話正是這種二元對立的產物——「非我族類，其心必異」。

於是，世界只剩下了兩種顏色，兩種選擇。

我是好人，你是壞人

賈碧，是《進擊的巨人》第四季中最受爭議的角色。

她只是個十五歲左右的孩子，卻早已被國家培育成戰士。她的身份低微，身為次等民族「艾爾迪亞人」，只有為國家拋頭顱灑熱血，獲選為戰士，成為「榮耀的艾爾迪亞人」，才能為家人爭得較好的生活，提升一點點社會地位。

對她來說，艾爾迪亞人之所以被各國歧視唾棄，都是一百年前躲到島上的那群「壞艾爾迪亞人」害的。

歷史課本都是這麼教的，島上那群惡魔罪惡深重，害慘了她和她的家人。偏偏，她陰錯陽差的流落到惡魔之島，被迫和惡魔生活在一起。

她無法理解，島上少女卡亞為何要收留她？到底在打什麼壞心思？

卡亞也法理解，為何島上的艾爾迪亞人要承受各國的敵意？他們到底做錯了什麼？

二人發生爭執，賈碧激動吼道：

「不管你們如何裝出善人的模樣，都無法擺脫你們過去所犯的罪。一百年前，你們的祖先所犯的罪是多麼的嚴重！這是普遍的歷史觀！」

對此，卡亞只淡淡地問：

「你的國家是這樣教育你們的嗎？你說一百年前，那麼，現在的我們到底犯了什麼罪？」

賈碧這個女孩，大概是《進巨》中最顧人怨的角色。

她熱血執著，信奉祖國教育的每一個信念。她勇敢保護著她的故鄉親人，提著槍隻身就衝往敵營意圖同歸於盡。她對從小所受的教育投以近乎宗教般的狂熱，深信不疑；當她被俘虜時，她激動、瘋狂，視主角群為敵，且嚴重傷害了主角群。

讀者們討厭她，「賈碧必須死」還變成搜尋關鍵字。

可是，賈碧的形象又是多麼熟悉啊？！憤怒、單純、偏激、執著，自以為是的正義，非黑即白的二元判斷。深信著自己就是正確的，對敵營的思想觀念極力否認。在我們的生活中，賈碧根本無所不在。

甚至，高喊「賈碧必須死」的那刻，我們會不會就是另一個賈碧？

莊子說，無知就像是從未見過大海的河伯，得意洋洋，以為天地都站在自己這方。直到，他的世界被更強大的力量震碎……

先知道自己不足

莊子〈秋水〉篇 vs. 電影〈奇異博士〉

莊子在〈秋水〉裡面說，愚者不知道自己的淺薄，還沾沾自喜以為「天下之美盡在己」。

就像那個狂妄的河伯，直到他到了北海，被無盡大海震撼，才收斂了他的得意之色，嘆說：

「好危險啊，要不是看到大海，我的狂妄無知可真會貽笑大方了！」

困於天才之名的天才

同樣的故事，在漫威電影《奇異博士》裡，也出現過：天才外科醫師史傳奇，醫術高超，但為人也倨傲無禮。不料一帆風順的人生卻在一次車禍中手部神經嚴重毀損，再也不能執刀：一夕之間，他所有成就名譽化為烏有。

史傳奇散盡家財求醫，直到聽說尼泊爾有一位「古一大師」，可以治療神經損傷。他用僅存財產買了一張單程機票，千辛萬苦終於得到與「古一」見面的機會。但史傳奇終究是史傳奇，一路上他的咄咄逼人又發作了：「古一？是真名嗎？」進門見到一個仙風道骨的老道士，他立刻恭敬問好，卻不料古一竟是旁邊幫他倒茶的女子。

當古一喚他「史傳奇先生」時，他立刻糾正「Dr.」。哈囉？請叫我博士／醫師。

進門三十秒，史傳奇就不斷暴露了他的盲點：大師一定是仙風道骨的樣貌嗎？為何不能是端茶送水的年輕女性呢？「古一」是真名假名何足道哉？跟他所求又有何關係？至於那聲「Dr.」的堅持，更是虛妄。他忘不了社會曾給予的榮耀，但古一只淡淡一句回了一句：「再也不是了，否則，你為何要來找我？」

說的史傳奇啞口無言。

智商一八〇的天才醫生，也擺脫不了「名」的限制。

名是什麼？名實之辨是名家最重要的依據，但對莊子來說，名只是事物最淺層的表象，所謂「聖人無名」，莊子為何主張聖人要「去名」？因為俗眾對於「名」抱有許多偏執和狹淺之見。

去名，是古一對他「知見障」的第一道當頭棒喝。

見樹不見林的知識限制

接著，史傳奇詢問古一如何治療受傷神經？

古一卻說，「我沒有治療，我只是讓他相信他好了。」

心靈治療？這也太玄了吧？史傳奇無法接受，只能不斷地引述各種醫療名詞，試圖用自己的醫療知識解釋古一所言。

古一笑著拿出一本書，展示裡面的「脈輪圖」、「針灸圖」、「人體放射圖」，史傳奇一臉不耐——這些圖片都是他司空見慣的，對一個醫科博士來說這些圖不足為奇。

古一說：「這些圖是不同人畫的，他們每個人只能看穿身體的一部分，卻見樹不見林。」

這一句多有意思！人類窮盡科學之力，試圖檢測人體構造，卻沒有一張圖能徹底繪製人體每一條經絡血脈、骨肉肌理。看著一張圖就以為看盡了人體奧妙，這不也是一種井蛙之見？

但古一話中深意史傳奇無法理解，這樣的解釋讓他崩潰了：「我花了我所有的積蓄來到這裡，你卻跟我說光靠信仰便可以治療？」

古一說：「你只是個井底之蛙，這輩子你所見到的天空只有井口這麼大。現在你突然發現天空其實廣闊無邊，你就直接拒絕相信這種可能性的存在嗎？」

不用多做解釋，這完全是莊子〈秋水〉河伯與海若的翻版了。

但史傳奇仍侷限於自己固有的知識層面：「不，我不相信你，是因為我拒絕相信童話。什麼脈輪、能量、信仰之力都是假的！靈魂之力都是不存在的！」

不等史傳奇說完，古一直接將史傳奇的靈魂打出肉體。靈魂出竅的經驗讓他驚慌不已，急著想要用自己能理解的知識解釋剛才的體驗：「茶加了迷幻藥？你為什麼要對我這麼做？」

對於無法解釋的現象，我們是否也常用少之又少的知識試圖解釋？

古一再次讓他靈肉分離，這次史傳奇看到的一連串超出現實空間的畫面：他的靈魂飛出地球、宇宙，在宇宙間見到一隻翩翩飛舞的蝴蝶（為何是蝴蝶？蝴蝶有何知名意象？）穿過蟲洞，甚至還可見到自己的手不斷增生分解（物質重組？）。

而古一這段台詞相當精采：

你以為你真的知道宇宙運行的規律嗎？什麼才是真的？在你的感覺範圍之外，還有多少你無法理解的謎團呢？

你所看到的宇宙只不過是無數個宇宙的一個，永無盡頭。有的宇宙一片和諧，生機蓬勃；另外一些則是邪惡橫行，餓莩遍地……

在這廣袤的宇宙中，你又算得上什麼呢？

其實，又何必放眼宇宙？

光只是一個小小台灣，就有千萬眾生相：有人豪宅名車，亦有人僅有公園紙箱蔽身；有光明處，亦有黑暗絕望；你所看到的世界，真的是整個世界的全貌嗎？

佛家有個詞彙叫「知見障」，指的是被自己原有學識蒙蔽，產生先入為主的觀念，反而妨礙了追求道理和內心體驗的可能。

很有趣的一點是，有時越是學富五車，才高八斗，越可能深陷知見障而不自知，就像史傳奇一樣，總是試圖用自己的所知解釋一切。

這個現象，在台灣已是屢見不顯：單一領域的教授，卻可以對任何學科侃侃而談，自詡專家；名嘴上天下地無不知曉，口若懸河，說的如親眼所見；外行指導內行，更慘的是外行還有權有勢，權勢就是答案。

自命不凡的人，是不可能學習的。

接連兩次震撼體驗後，史傳奇終於拜倒，顫抖的說：「教我吧！」

當莊子筆下的河伯終於認清自己的渺小，這時海神說了：「乃知爾丑，而將可與語大理矣。」

你知道自己的粗鄙了，那麼，學習終於可以開始了。

抬頭看看吧！不是只有你受傷了

【前方爆雷危險！內含《進擊的巨人》第四季劇情】

莊子說，唯有意識到自己生活在「牆」內，知道了自己的侷限，才有辦法踏出「牆」的侷限。

可是，要怎麼發現這些無形的「牆」呢？

莊子提出了思考的方法：物無非彼，物無非是。萬物沒有一個不是「他方」，也沒有一個不是「己方」。當我們區分出「我方」「對方」時，只是主體的不同而已。

說的再簡單一點，你會發現，欸？這不就是這幾年很紅的「換位思考」嗎？

沒錯，莊子就是這樣說的：當那是「他」的觀點時，我們會覺得對方好奇怪，無法理解他這麼做的原因。可當那發生在「我方」時，就很容易感同身受，甚至找出各種這麼做的理由。自彼則不見，自喻則知之。

「雙重標準」，往往就是因為主客兩方所造成的歧異。

舉個例子吧，我們在追劇、追漫畫時，經常把自己投射到劇中主角身上（已方）。所以，你會很厭惡劇中阻礙主角戀情的人（他方），尤其是男主角那個漂亮高傲又有錢的未婚妻，真是討厭死了。

但換個方向，用未婚妻的角度仔細思考，就會發現：不對啊，很多偶像劇女主角，根本就是插足男主角婚約，大家最討厭的小三啊！！

你的反派，是我的英雄

這種己方／他方的反轉，在《進擊的巨人》有非常精采的演繹。

讀者跟著主角群追了整整三季的劇情，對艾連為首的主角群深深憐愛，我們敬佩他們追求自由的決心，看見他們的恐懼、猶豫與成長，深恨牆外那些破壞城牆、將巨人引入城內的兇手。

都是他們，造成牆內無數人命犧牲。

艾連等人，是值得敬佩、歌頌的英雄。

每次動畫配樂一下，我就會跟著劇情熱淚盈眶。

劇情來到第四季，作者諫山創突然變換了主角「己方」。

視角突然以敵國「瑪雷」的戰士們為敘述者，隨著這些瑪雷戰士的眼，我們看到了這些戰士，他們在前線拚搏著，只為了早日獲勝，回到家人身邊。

我們看到了，每個戰士的身後，都有深愛他們的家人。

他們彼此間有著同伴情誼、手足情深，也有著青梅竹馬的青澀愛戀……

就在瑪雷的人民歡度節慶時，艾連率著軍隊突襲了瑪雷，造成嚴重傷亡。

惡魔啊！瑪雷的人民哀號逃難，一如當年，城牆被破壞之際，看著母親被巨人生吞活剝的艾連，撕心裂肺的慟哭。

《進巨》第一季時，有張宣傳海報非常經典：城牆上，巨人從牆上探頭蓄勢攻擊，主角艾連仰望巨人，渺小如螳臂擋車。

可《進巨》第四季時，官方再次推出一張宣傳海報：一樣的構圖，主角換成了瑪雷的人民。他們抬頭仰望化為巨人入侵的艾連，渺小驚慌，一如艾連當年。

他方／己方，其實沒有分別。

兩張海報並置，你會發現，兩邊的苦難是一樣的，只是彼此不知而已。

九一一事件發生的時候，我才高一，至今我還記得在新聞上看到雙子星高樓燃燒的可怕畫面，人們尖叫、哭泣的慘狀，讓我在電視機前看得淚流滿面；

但下個新聞，鏡頭帶到了中東，我愕然發現中東人民正為了此次成功突襲，載歌載舞，歡聲慶祝。

他們是惡魔嗎？我傻眼了。

然後查找資料後，才知道，多年來各種侵略攻擊，美國對中東做的從來沒有少過。

「他方」眼中的恐怖份子，可能是「己方」的英雄戰士。

套句好友廷廷老師思辨課程的名言，「每一個超級反派，在某人的視角下，都是超級英雄。」

用此檢視，欺騙、聰明、貪婪、怯懦、正義、自私……這些名詞的定義，其實都有很大的模糊地帶。就像莊子那句名言：天下莫大於秋毫之末，而泰山為小；莫壽於殤子，而彭祖為夭。

就算是大小、長短、輕重、美醜，都是相對而言，我們又怎敢輕易相信絕對不變的「是非」？

任何事，只有詮釋角度的「相對」，沒有「絕對」。

站在更高點

能夠換位思考，也許我們才能站在更客觀的位置，重新定義問題。

莊子說：欲是其非而非其所是，則莫若以明。如果你想要重新檢視一件事，不妨效法太陽、月亮的高度，公平的照見大地上的萬物。

只有無所偏執的體諒每個不同的立場，完整照見一件事物的不同面向，世界的真實才會更清晰的呈現。

為什麼《進巨》中的賈碧這麼討人厭？除了她瘋狗似的偏激執著外，其實真正最讓讀者憤怒的，是她一槍殺死了主角群的一個重要夥伴，莎夏。

從第一季以來，莎夏一直是個討喜的可愛角色，她的死，震撼了無數忠實讀者。所以，讀者咆哮著：賈碧必須死！她殺死了我們可愛的莎夏！

但賈碧為何攻擊莎夏？因為莎夏入侵了她的國家，殺死了她的親友。對賈碧來說，她只是還以顏色而已。

偏偏，當賈碧流落到敵營時，溫柔收容她、讓她暫時有個棲身之地的牧場主人，居然就是莎夏的父母。

當真相大白時，深愛莎夏的人們憤怒地舉起了刀，指向了眼前的殺人兇手。而莎夏的父親，卻沉靜的放棄為愛女報仇的機會，悲痛的說：

「當年，因為我們的森林獵場被人侵略，不得已的狀況下，我讓莎夏離開了森林；可是，成為士兵的莎夏，侵入別人的土地，攻擊別人卻又遭到別人攻擊。原本想讓她離開森林的……卻沒想到，反而讓她踏進了更大一座持續殺戮的巨大森林裡。」

這位曾經的獵人，失去愛女的父親，克服了「己方」的憤怒殺伐，用更高的角度，照見了全局：無論是莎夏、還是賈碧，大家都是迷失在這座殺戮森林中的孩子。

「至少，要讓孩子們離開這座森林才行。」

父親的智慧，使他從「小我」情愛中，擁有的更平等的「大愛」。

不殺了，不恨了，否則，孩子們只會在同樣的地方一直打轉而已……

陷在「己方」的思維，我們只會不停的自憐自怨，舔舐著傷口哀哀呻吟，向世人控訴著自己的辛酸委屈。

莫若以明，莊子說，請你用更高的角度看看吧！你會發現，不是只有你受傷了。大家，都被各種框架傷的千瘡百孔了……

我可以成為各種樣子

前面提到，莊子提出檢視思考的方法是：

第一，凡事只是相對，不是絕對。我們可以站到事情的對立面看一看，換位思考一下。

第二，莫若以明，我們可以用更宏觀的高度看一看，打個比方，如果我們過去看事情都只是雙眼所及的範圍；莊子會要求，來，請給我三百六十度全景視野。

或者我們可以說，這幾年很講求的思辨能力，莊子可是老祖宗了。

是「想要」還是「必要」？

當我們能夠以不同角度思維，突破現有框架之後，我們會發現生活中有很多的「必要」，到底是自己想要？還是大家都告訴你這是「必要」？

年年汰換的智慧型手機，聯名限量的球鞋、精品；人生勝利組的配備：房子、妻子、孩子、車子、銀子兼具的「五子登科」；甚至是手機通訊軟體裡一大堆想退又不好意思退群的群組。

這幾年從日本開始流行的「斷捨離」收納法，其實就是一種釐清自己人生「必要」的整頓。一開始只是先從居家物品開始整理，逐漸擴展到無謂的人際關係。

很多實行斷捨離方法的體驗者，得出一些心得：原來，我從三十坪搬到十三坪的房子，其實已經很夠安身了；原來，簡簡單單的生活，反而更看清楚對自己真正重要的東西是什麼。

而這，就是莊子說的「反璞歸真」。

回到你最開始的樣子——那個，童年只需要一小粒糖就歡天喜地的純真。
從什麼時候開始，我們要獲得快樂是這麼困難的事？

莊子說了個寓言：「渾沌」七竅未開，於是「儵」和「忽」出於好意，每天為他鑿一竅。七日過後，七竅已成，但「渾沌」已死。

小時候我讀這個寓言覺得莫名其妙：怎麼會有人沒有七竅？鑿開七竅痛也痛死了吧？後來我才漸漸明白，莊子筆下的渾沌，也許該把他想成一種「天地未形成前，那種陰陽不分的模糊狀態」，也就是盤古還沒動工前的狀況（類似宇宙大爆炸？）。或者是初生的孩子，那種善惡觀念還未被建立、尚未社會化的狀況。

而七竅，也就是我們的五種感官，各種慾望，來自於感官接收與享受，隨著感官享受越來越分明，人最初那個「真」的特質，也越來越淡化，最後，我們因為各種感官不滿足，陷入更多的痛苦中。

所以莊子說，七竅已成，那個「渾沌」的心也死了。

越有用越過勞

讀懂「必要」的莊子，更懂得自己想要的是什麼。

所以楚王想迎他為相，莊子擺擺手笑說，與其像祭壇上披上錦帛的死牛，我還不如當隻爛泥中自由打滾的小豬呢！惠子忌憚莊子搶他的職位，莊子訕笑道：你當成寶的腐老鼠，我可不把他當美味。

游戲污瀆之中自快，無為有國者所羈，終身不仕，以快吾志焉。

是要窮了一輩子，但得了個自在；還是汲汲營營、戰戰兢兢，追求富貴功名？

莊子很坦然的接受了貧窮（雖然我不知道莊太太什麼反應）。要「自願」成為一個社會公認的魯蛇還活的灑脫自在，是很不容易的。

可看看身邊這些每日被各種高壓逼壞身體的社會菁英吧？能力越強，責任越大，這句名言在職場上根本變成過勞死的另種詮釋。

我們從小被教育著「努力」、「積極」、「奮鬥」、「爭取」、「競爭」，好像不擁有這些信念，就是社會廢物。在資本主義掛帥的社會裡，你能為自己創造多少符合市場需求的價值，就能為自己標上一個漂亮的身價。

但仔細想想，我們有多少求而不得的憤恨、沮喪、甚至自我否定，也都源自這些符合社會期待的正面信念？

莊子忍不住笑了。「有用」與「無用」本就是因應市場價值而出現的判別，但若因「有用」而難以頤養天性，從這狀況來看，無用也許才是大用呢！

成為各種樣子

明白很多事不是只有一種詮釋方式，我們才有機會從一直扞格不入的社會框架中，突破找到另一種更適合自己的方式。

不再逼著自己進入只有一種形狀的框架中，而是接受另一種可能。不適合升學體系，也許你在技職更能適性揚才；相互折磨的婚姻，也許單身後反而更能找回自我。

莊子說，心打開了，你才有機會蛻變成各種樣子。就像〈逍遙遊〉中那隻大魚「鯤」，他脫離水面乘風而起，就能幻化成大鵬鳥。看不懂的人會說，莊子，你又再說無邏輯的神話了，魚怎麼可能突然變成鳥呢？

莊子笑笑：傻瓜，是你自己否認了一切的可能性。我的心告訴我，只要我願意，我可以成為各種樣子。

從容謙和的面對世界

上一篇講到，心放大了，我們就可以成為各種樣子。可是這邊又有一個問題了，我們的心，可以放大到什麼地步呢？或著換一個問法，如果主管我們思維的是大腦，大腦可以開發到什麼地步？

科學家指出，一般人大腦潛能只開發了百分之十不到，在這樣有限的使用中，我們卻以為百分之十的已知就是一切。

盧貝松的電影《露西》，正好可作為這裡的註解。

女主角露西因為藥物關係，大腦被強力刺激而開發出各種「疑似超能力」的非常人潛力。隨著大腦開發強度越強，她可以清楚的想起小時候的每一件事，她可以感受到血液流動、細胞產生變化、地表生物的脈動、電磁波……她越來越能掌握肉眼不能及的「道」之存在。

很有趣的一個段落是，一位跟著露西冒險的警察問道：「你為什麼要留我在身邊？」露西吻了他一下，但眼神沒有任何情慾：「因為我越來越沒有人的情感。」

這也符合道家對「道」的解釋，天地不仁，以萬物為芻狗。這句話不是抱怨天地的殘忍不公，而是就「道」的運作而言，「自然」本就是一個沒有偏私、愛好的客觀運作規則。

人類的痛苦往往來自各種求而不得的無常和變化，但越明白「無常即有常」、「變即不變」的人，也較能看淡生死離別、愛恨嗔癡。

道，無所不在

《露西》最經典的一幕，就在當露西大腦達到百分之九十運作時，片尾最後將近六分多鐘的畫面。當時這一段，也是眾多觀眾爭論不休的段落。

在大腦運作百分之九十的時候，露西得以穿越時間與空間，她可以看到百年前的紐約、中古世紀的巴黎，甚至到了史前時代，與目前發現最早的人猿「露西」面對面。

兩個露西手指接觸，宛如創世紀般的畫面，彷彿暗示了生命之興起。

而當大腦運作到百分之百時，她已超脫形體，看到了宇宙大爆炸，生命之興起，她可以感知細胞的生成，明白宇宙的規律。時間、空間已無法再限制她的心靈意識，她的形體崩解，最後消失在眾人面前。

警察驚訝問道：「她人呢？」這時手機簡訊響起，露西回答道：「我，無所不在。」

以自身大腦驗證「道」的露西，最後也彷彿莊子故事中那些蛻去肉體，體驗

「道」之存在的「至人」，達到「物我合一」的地步，

而道，無所不在。

乘雲翱遊四海的心

《露西》這部電影是用誇張的戲劇手法，呈現了「意識」的最強發展；我自己解讀是把這部電影當作唯心主義的探尋。

事實上，我們也有很多的靈修課程、宗教研究，以冥想、禪修等各種方式，試圖接觸「神通」、「其他空間」等神秘領域。

在此我無意探討到太深奧的神祕主義或是靈修，但藉由《露西》，我們也許可以比較用影像化的方式理解，莊子口中的「至人」：

若然者，乘雲氣，騎日月，而遊乎四海之外。

達到這境界的人，可以乘著雲氣，騎上日月，遨遊於四海之外的地方。

這種玄妙的境界，若在小說裡、或是宗教煉丹升仙的觀念裡，大概就變成某種劍仙御風而行的仙法了吧？

但我們更可以理解成：莊子描述的是一種境界，一種與道同行，心靈得到解放的自由。

一種放下相對的分別心，了解不同價值觀就如四季變化，以包容體諒萬物的心，跳脫對是非好壞的框架執著，停止對外物汲汲營營的無謂追求，而真正專注在修養內在心靈的，讓自己更輕盈、更自在，更懂的「重要」所在的一種自由。

別把自己看得該死的重要

懂得了相對非絕對，懂得了謙卑自知，懂得了不要只用「己方」看世界，人類應該可以反璞歸真的回到更早期時的我們——那個對自然謙卑、深信萬物有靈，物我有情的初始。

從工業革命開始的「人定勝天」觀念，人類早已經膨脹高傲到自詡為神，意圖掌握並替代「道」的規律。

但從新冠疫情到現在，我們看到了什麼？全球大瘟疫，各國封城，觀光不再，經濟蕭條……另一方面，威尼斯的河道清澈了，海港的鯨豚復育了、海龜產卵的成功力提升了。

人類的劫難，卻是地球的轉機。

我們還能高傲的相信自己是地球不可取代的萬物之靈嗎？

莊子說，與道同行，你得先學會低頭、謙和。

在《巫士唐望的世界》這本書中，作者卡洛斯・卡斯塔尼達本是為了研究印地安藥草學，才跟印第安族的巫士「唐望」訪談。

但沒想到，這一訪談就是十年。

唐望在美國社會中就是個邊緣人，但他卻是印地安文化最神聖、最有智慧的巫士。他讓卡洛斯從一個浮誇易怒、崇拜科技、既狂妄又軟弱的現代人，慢慢地轉變為一個崇尚自然的修心者。

唐望有一段話，我非常喜歡，他說：

你把自己看得太重了。在你心裡，你把自己看的該死的重要。你覺得可以理直氣壯地對每件事發火。你是如此該死的重要，所以只要事情不如你意，你可以掉頭就走。你大概以為那樣表示你很有個性。胡扯！你是又軟弱，又自命不凡！

我們藉由科技武裝自我膨脹，驕傲的不可一世；但卻對自己的心靈可能有的發展性自我否定、自卑自棄，對亙古不變的無常和生死懼怕不已——

這不是很矛盾嗎？

因為我想成為這樣的人

明白了自己其實沒有該死的重要，但反之，也許我們也才能釐清，真正掌握在我手上的「重要」為何。

將目標設置在物質世界，則成功需要各種外在條件的配合，成敗難以預料，我們也跟著沉浮；但若是以提升自我的心靈為目標，那麼無論順境、逆境，都可以看作是人生四季的春華冬雪。

人，是可以成為各種樣子的。

《進擊的巨人》中，賈碧問卡亞，你明知我是敵人，為什麼還要收留我呢？

卡亞回憶起當年被母親被巨人吞食的情景，村人拋棄了她和行動不便的母親，年幼無助的她，已經失去了求生的意志，也失去了對人性的信任；是路過的莎夏義無反顧的挺身而出，拿著斧頭迎擊強大的巨人，莎夏告訴卡亞，沿著這條路一直跑下去，遲早會遇到願意幫助你的人。

所以，人要一直走下去。

現在也許在谷底，但沒有永遠的下坡路。

卡亞回答賈碧，為何要救她？

「我想變成跟那位姊姊一樣的人。」想成為那個願意挺身相助陌路之人的，那樣的人。

卡亞的信念很快受到考驗，當她發現賈碧就是殺死莎夏的兇手時，卡亞一度拿起了刀。

但最後，她還是選擇了原諒。

以擁抱，取代了憎恨。

卡亞與賈碧兩位少女的相擁，我認為是《進巨》裡非常動人的畫面。

如果你願意，你的心可以非常巨大浩廣，你可以成為你想要的樣子。

下課了，老師還有些話要說

莊子這一系列文，原本是為期一週的莊子入門課程。當初我先講給高二聽，再講給國三的孩子聽。

備課期間，適逢疫情升溫，停課不停學的手忙腳亂時期。每天待在家其實是很焦慮的，我的心情起伏不定。

沒想到為了備課，重新讀莊子竟成了我調整呼吸的方式；學生們的回饋給了我信心，為了完成這系列文章，持續的翻閱莊子，繼續讀下去，我的心也逐漸安定下來。

夜晚，讀到〈生也有涯〉這篇，莊子提到：「緣督以為經，可以保身，可以全生，可以養親，可以盡年。」

督脈，也就是背部沿著脊椎上行的「身體中心線」，莊子說，行住坐臥，都保持著這條線的筆直，這樣就很夠了。

我試著端坐，挺直背，立刻察覺這確實符合醫學常說的正確姿態；但我也不禁想到，如果我們明白了自己心之所向，明白了什麼才是我最重要的「督脈」，遇到各種迷亂抉擇，我或許可以挺起背，抬頭挺胸而從容謙和的面對世俗八風。

抬頭挺胸的生活，莊子說：可以保身，可以全生，可以養親，可以盡年，可以

附錄

零基礎者用劇集輕鬆看懂紅樓夢全攻略！

沒讀過《紅樓夢》的人，可能覺得這大部頭的書難以立刻理解。在教學場景中，常選進課文的〈劉姥姥逛大觀園〉也是門硬課，光是《紅樓夢》這本鉅著，宏大的四大家族關係、複雜的角色，要如何讓零基礎的學生完成初步架構，對授課者來說真的是不小挑戰。

為了幫助理解，我們可以透過劇集來幫助理解。而老師們每次上到〈劉姥姥進大觀園〉這一課，大概不免都要播放一下相關影視給學生看。

但版本眾多，成效到底如何？經我多次試驗，終於找出一個放映的順序攻略，在此分享給大家。

現有紅樓夢的電視劇改編有以下幾個版本，我簡略介紹如下

版本	幫助理解成功指數
1987 版 央視紅樓夢 陳曉旭、歐陽奮強主演	★
眾多紅迷心中的白月光，演員都是一時之選，尤其是陳曉旭根本就是為林妹妹而生的女子。但無論月光多皎潔，與現在已有三十年的鴻溝，拍攝手法、梳化道具已不合當代的胃口。若在校內播放，作為入門款推薦，有九成機率只會出現「學生吐槽連連直接昏睡、老師苦無知音老淚縱橫」，最後「終是意難平」的狀況。建議：可放幾張照片讓學生聞香一下就好了。	

1996版　華視紅樓夢　張玉嬿、鄒琳琳主演	★★★
我私心最愛的版本，就當年台灣戲劇界來說這版也是集一時之選。	
這版的劇本剪裁和編寫對我來說，就是屬於我的紅樓夢解讀。尤其是最後幾集的編寫，更是我心目中最佳結局。無奈這版演員年齡偏大，於今日觀之同樣也有梳化老氣的問題。但這版有幾段段落可以於課堂使用。	
2010版　新版紅樓夢　楊洋、李沁等主演	我就是任性
對我來說，這版是錢砸很大但並未真正理解原著的改編黑歷史。其中品味特殊的妝髮也可能會在大家腦海裡留下……嗯，一言難盡的印象。	

到目前為止，以上三版紅樓夢很難兼顧師生二方口味。正當我猶豫苦惱之時，赫然發現新的選擇！

登登登！（從口袋掏出）就是這個！〈小戲骨紅樓夢〉！

二〇一七年，中國找來一群平均年齡十歲左右的童星，根據一九八七版重新翻拍而成，堪稱迷你版的紅樓夢。剛開始我不以為然，總覺得小孩演大戲有揠苗助長之嫌，但隨手點出來一看——

我的媽呀，上哪找來這麼一群神仙演員啊？

看完第一集黛玉進府，挑剔的我已經完全被收服。小演員演技純熟不說，各個眉清目秀，我見猶憐。剛開始學生聽說是小孩兒演戲還嗤之以鼻，但當坐在轎裡垂淚的黛玉妹妹一出場，立刻收服咱班一票男孩子；寶釵姐姐一微笑，全班通通都垂耳伏首投降。

五分鐘後，只要黛玉一哭，咱班男生就會傻呼呼的怪叫：「妹妹不要哭，哥哥保護你～～」（夠了噢你們！）

就決定是你了！小戲骨紅樓夢！（擲寶貝球）

理解紅樓夢的安排順序

選定了小戲骨版本擔任這次「用這劇看懂紅樓夢」的主攻手，接下來就是順序安排。

在課堂上，我們大多會按照「題解」→「作者」→「課文」的順序，但面對紅樓夢，這一個順序讓我屢次遭遇困難。

過往操作是：作者介紹→介紹紅樓夢的書名別名→開卷詞「滿紙荒唐言，一把辛酸淚」→讀〈好了歌〉，得出「藉四大家族故事說明人事興衰無常」的書中主旨。但，當閱讀者是零基礎時，讀〈好了歌〉根本毫無感覺啊！四大家族是什麼？能吃嗎？

在幾次實驗失敗，台下學生陸續睡倒的挫折下，我調整再調整，乾脆決定打破以往順序。

題解主旨什麼的，我們先丟到後面去！於是，以下是我重新整理後的出牌順序：

快速講完曹雪芹的生平：

影片建議：〈熱線追蹤．紅樓夢 4/5〉，有關曹雪芹的介紹。播放時請小心，熱線追蹤的介紹台詞有時會有錯誤資訊，還請過濾服用。

瞭解雪芹生平後，帶領學生閱讀開卷詞「滿紙荒唐言，一把辛酸淚」，此時再來學習，較能理解紅樓夢與曹公生平的投射及創作緣由。

人物介紹．金陵十二釵——搭配心智圖

十二釵對學生來說有多難記憶，我打個比方吧：來，請你把韓團團員全部辨認出來，並說出他們的名號綽號個性星座血型。

對，我們就是對學生做這麼殘忍的事啊啊啊！

但根據我最近幾屆操作，搭配以下心智圖，一邊介紹一邊說故事，全班的興趣都來了——別忘了，故事人人愛聽啊！

心智圖的操作方式如下：以寶玉為中心，將十二釵分為「情愛、手足、姻親、世交」四大關係。每介紹一個人，都填上相關簡短資訊。

這張心智圖在介紹時頗費工夫，預計會花到至少兩節課，但講完效果極好——至少我會覺得兩節課功夫沒白費。

最重要的是，當十二釵介紹完時，全班有了疑問：「老師，怎麼沒有一個人有好下場啊？」

老師神神秘秘的笑了，在黑板上寫下幾個詞：四姊妹的名字組合：「元迎探惜」，賈寶玉在太虛幻境喝的仙界茶酒：「千紅一窟」、「萬艷同杯」、「群芳髓」。

曹雪芹在這些詞裡暗藏了整本書最後走向的密碼，看看有哪個聰敏的學生能夠破解？

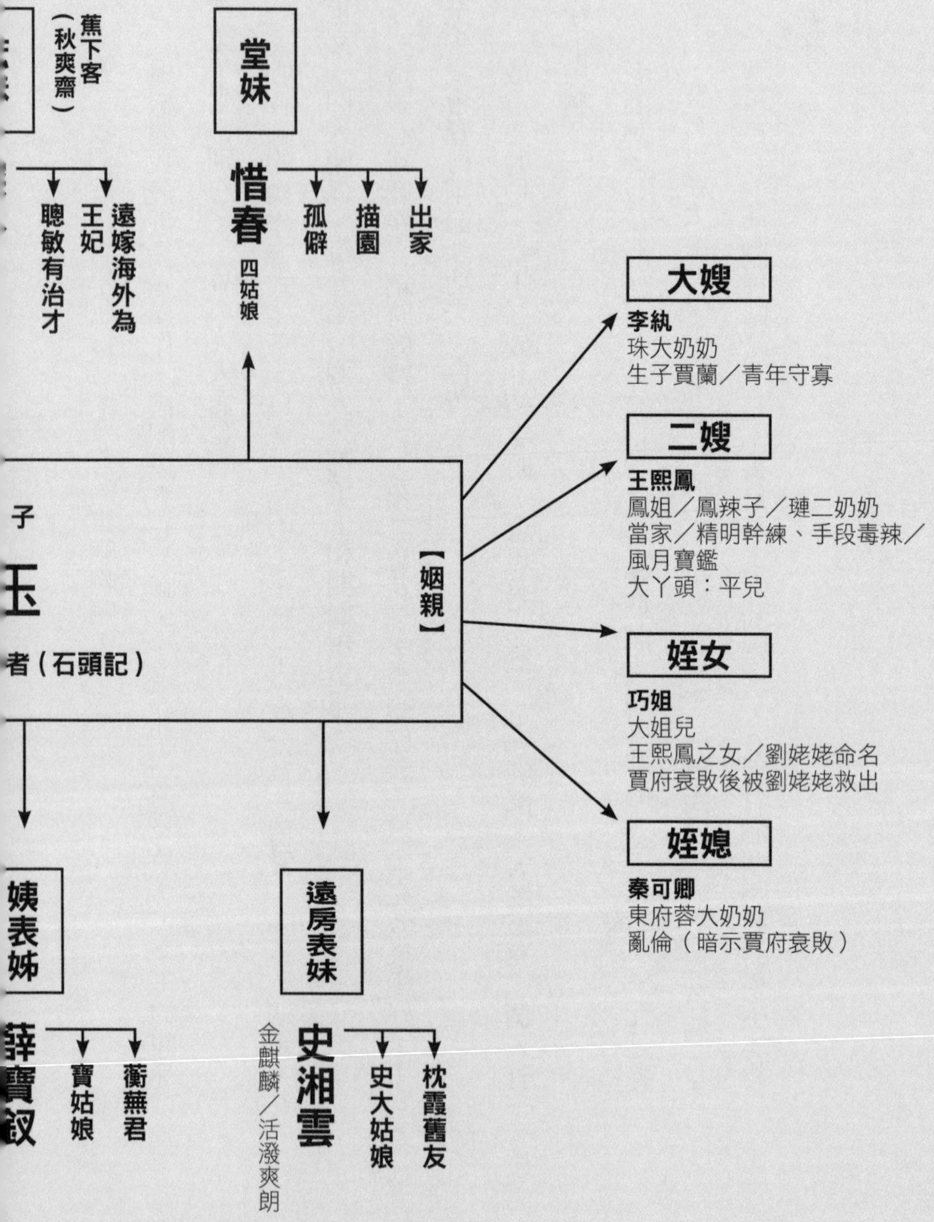

蕉下客（秋爽齋）
遠嫁海外為王妃
聰敏有治才
堂妹
惜春
四姑娘
出家
描園
孤僻
子
玉
者（石頭記）
【姻親】
大嫂
李紈
珠大奶奶
生子賈蘭／青年守寡
二嫂
王熙鳳
鳳姐／鳳辣子／璉二奶奶
當家／精明幹練、手段毒辣／
風月寶鑑
大丫頭：平兒
姪女
巧姐
大姐兒
王熙鳳之女／劉姥姥命名
賈府衰敗後被劉姥姥救出
姪媳
秦可卿
東府蓉大奶奶
亂倫（暗示賈府衰敗）
姨表姊
薛寶釵
蘅蕪君
寶姑娘
遠房表妹
史湘雲
金麒麟／活潑爽朗
枕霞舊友
史大姑娘

紅樓夢金陵十二釵心智圖

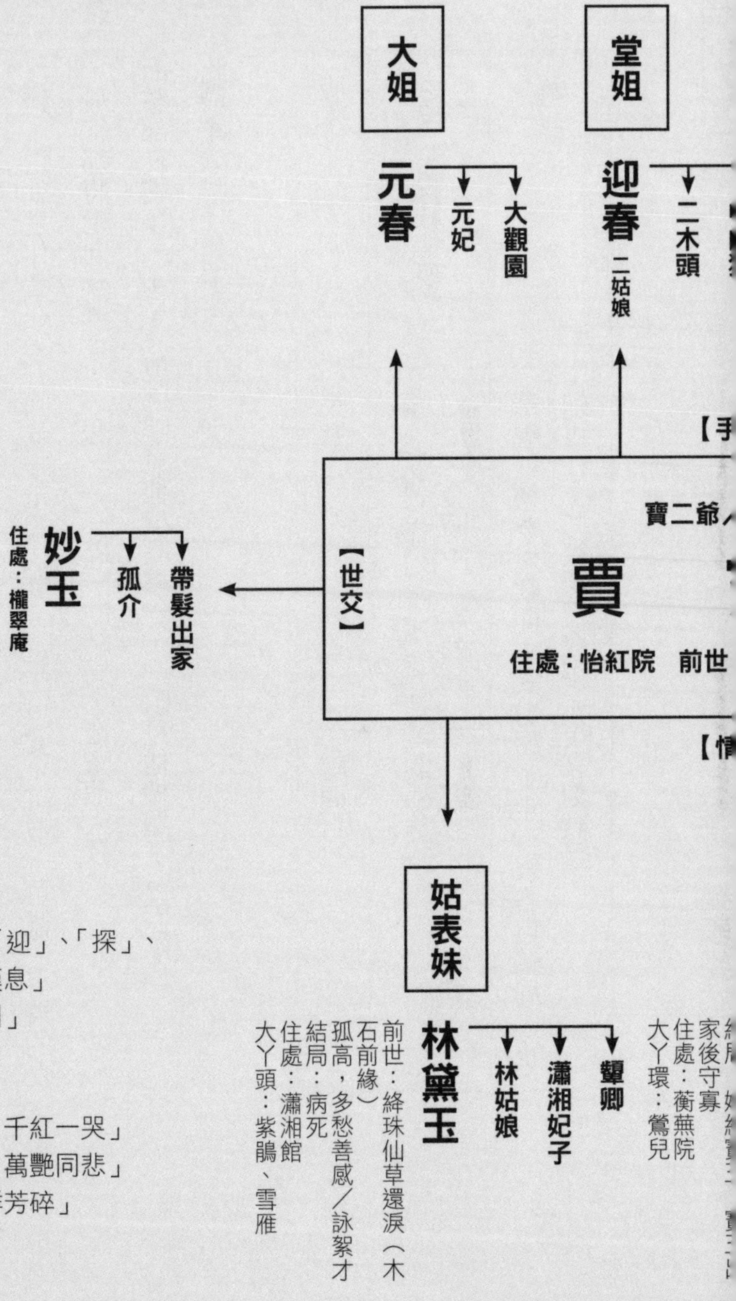

太虛幻境隱藏密碼：

四姊妹名字「元」、「迎」、「探」、「惜」暗含「原應嘆息」

十二釵皆屬「薄命司」

寶玉所飲酒名：

「千紅一窟」諧音「千紅一哭」

「萬艷同杯」諧音「萬艷同悲」

「群芳髓」諧音「群芳碎」

當學生找出關鍵諧音：「原應歎息」、「千紅一哭」、「萬艷同悲」、「群芳碎」時，全班不禁發出深吸口氣的雞皮疙瘩感。

沒錯，這就是作者在第五回就暗示的伏筆，這些可愛、可敬、可佩、可憐的女孩們，最終都將走向「哭」、「悲」、「碎」的結局，徒留他人歎息。

而整部紅樓夢，正是一聲「眼見他建高樓」、「眼見他樓塌了」的歎息。

此段建議影片如下：

版本	集數	時間
1996 華視紅樓夢	第 2 集　寶玉神遊太虛幻境，金陵十二釵判詞	35:10-39:06
解說	華視紅樓夢以歌曲方式剪輯了十二釵各自結局，正好可在十二釵課程介紹完後立刻複習。	

2017 小戲骨紅樓夢	第 1 集 黛玉進府	04:10-11:45
	第 2 集 黛玉初見	15:30-19:29
解說	最後一分鐘可以再看一下第一集的 22:50-23:41，寶釵初到賈府，寶黛釵三人初會，這段三人表情極佳，千言萬語都在這幾個複雜神情裡了	

原文：劉姥姥三進榮國府

前面已提到紅樓夢是一場眼見「樓起樓塌」的盛衰悲歌，而最好的見證人正是三次進府的劉姥姥。

我個人堅持從劉姥姥一進榮國府先介紹，才能完整呈現紅樓夢的主旨。相關影片可見

版本	集數	時間
2017小戲骨紅樓夢	第2集　一進榮國府	06:04-16:18

這段表演中有幾個看點：

1. 借僕人口中提到王熙鳳不到二十歲當家的聰明幹練。

2. 劉姥姥初見鳳姐房裡的驚訝，展現出賈家公侯世家的氣派。鳳姐將原訂給丫鬟做衣裳的二十兩賞給劉姥姥，這邊參考螃蟹宴時劉姥姥說的話：「二十兩夠我們莊家人過一年了。」更可見到賈府和一般人家的貧富差距。

二進榮國府，可參考影片

版本	集數	時間
2017 小戲骨紅樓夢	第 5 集　二進榮國府	11:47-22:49

劉姥姥二進榮國府，由大觀園這段基本上就是高中所選的課文內容，但有一點可注意的是，學生往往搞不懂劉姥姥的搞笑為什麼能逗的賈府上下哄堂大笑，對他們來說最直接的反應就是「笑屁啊？」

這是生活型態上的差異，學生無法想像賈家用餐時的嚴肅規矩，所以無法同理。

所以羊咩建議在此段立刻播放：

版本	集數	時間
2017 小戲骨紅樓夢	第 1 集	13:15-15:13

這段演出，黛玉初進賈府，詳實拍出了賈府用餐時從漱口、洗手、喝茶都有嚴格規矩，看到這段學生直接叫道：「好嚴格噢！」

對比賈府平時的用餐氛圍，才能理解不諳禮節的劉姥姥為什麼能帶給賈府「嘉年華式」的狂歡笑鬧，學生才能對這群姑娘奶奶們的瘋狂大笑略有同理。

在課文之後，我額外給學生看賈府對劉姥姥的恩惠施與。

版本	集數	時間
2017 小戲骨紅樓夢	第 6 集	17:05-22:09

這段戲演出劉姥姥為巧姐命名，可讓學生清楚看到賈府上下給劉姥姥的豐厚禮

物，以及劉姥姥的感恩落淚。

這段我個人認為是承上啟下，不能省略的段落，在這我們可以看到劉姥姥和巧姐的緣分，以及她之後為何會「三進榮國府」報恩的始末。

至於三進榮國府，由於劉姥姥三進榮國府已是後四十回，各版本自有各種考證詮釋。但我最欣賞的還是華視紅樓夢的改編。所以到三進時，我直接播放華視紅樓夢：

版本	集數	時間
1996 華視紅樓夢	第71集	38:31-40:13

賈府被抄，巧姐流落風塵。此時劉姥姥想盡辦法救出巧姐，面對一心報恩卻無以回報的純樸老人，王熙鳳只能懇求劉姥姥將巧姐帶回鄉下，從此農耕紡織，不求富貴、只求平安。

編劇為鳳姐精心設計了一段極好的台詞：

我王熙鳳，從不信什麼陰曹地府、因果報應的。

我自仗著自己娘家有權勢、賈家有錢，自己又精明能幹，在府裡呼風喚雨、橫行霸道的。哪樣天大的事我會怕著？哪樣狠毒蠻橫的事我做不出來？

我謀略伎倆、心機算計了一輩子，竟然算不出會有這麼一天：富貴散盡，窮途末路，轉眼萬事皆成空；算不出會有這麼一天：因果報應，一絲不漏；算不出一時無心積善，福報子孫；一世經營算計，難逃定數。

我始終認為，這段台詞不但是鳳姐的一生註解，更是《紅樓夢》一書的最佳詮釋。

看到這一段，不妨讀讀最後三首詩：

王熙鳳主打歌（誤）〈聰明累〉

機關算盡太聰明，反算了卿卿性命。生前心已碎，死後性空靈。家富人寧，終有個，家亡人散各奔騰。枉費了，意懸懸半世心；好一似，蕩悠悠三更夢。忽喇喇如大廈傾，昏慘慘似燈將盡。呀！一場歡喜忽悲辛。嘆人世，終難定！

以及《紅樓夢》第一回的〈好了歌〉：

世人都曉神仙好，唯有功名忘不了，
古今將相在何方，荒塚一堆草沒了。

世人都曉神仙好，只有金銀忘不了，
終朝只恨聚無多，及到多時眼閉了。
世人都曉神仙好，只有嬌妻忘不了，
君生日日說恩情，君死又隨人去了。
世人都曉神仙好，只有兒孫忘不了，
癡心父母古來多，孝順兒孫誰見了。

世人忙忙碌碌為名而來，為利而往；殊不知機關算盡卻漏算了盛極必衰；積纂富貴卻帶不進陰曹地府；為子孫操碎了心卻保不了不肖子孫敗盡產業；為愛情山盟海誓尋死覓活，卻守不住負心薄情轉身離去。

到底什麼是真？什麼是假？

社會告訴你界定為人生勝利組的功名富貴、嬌妻美眷。曹雪芹用血淋淋的過來人經驗告訴我們：這些都只是外在的虛幻浮雲。

而這才是紅樓夢一書真正的主旨，若只將寶黛愛情視作全書主旨，我個人認為，這是偏頗解讀了曹公苦心血淚的十年辛苦。

而曹公以十年辛苦讓我們了解盛衰榮辱的無常，並非是讓我們走向悲觀消極的面向。

相反的，提前了解世事無常，正是讓我們懂得在每次得意時莫要張狂；在失去時能夠保持澹泊寧靜。

然後盡力在人生的每次起落中，進退有度，坦然從容。

國家圖書館出版品預行編目資料

上一堂人生國文課：希望老師有教我的事,關於際遇、抉擇、傷痛,以及無論順逆都能優雅起身/羊咩老師(楊明)著. -- 初版. -- 臺北市：遠流出版事業股份有限公司, 2022.02
面；　公分
ISBN 978-957-32-9401-6(平裝)

1.人生哲學 2.中國文學

191.9　　110021687

上一堂人生國文課

希望老師有教我的事，關於際遇、抉擇、傷痛，以及無論順逆都能優雅起身

作　　者 羊咩老師（楊明）
行銷企畫 劉妍伶
執行編輯 陳希林
封面設計 陳文德
內文構成 6 宅貓

發 行 人 王榮文
出版發行 遠流出版事業股份有限公司
地　　址 104005 臺北市中山區中山北路一段 11 號 13 樓
客服電話 02-2571-0297
傳　　真 02-2571-0197
郵　　撥 0189456-1
著作權顧問 蕭雄淋律師
2022 年 02 月 01 日 初版一刷
2022 年 02 月 07 日 初版二刷
定價 平裝新台幣 380 元（如有缺頁或破損，請寄回更換）

ISBN：978-957-32-9401-6
YLib 遠流博識網 http://www.ylib.com
E-mail: ylib@ylib.com